Woest a la derecha
topar calle y dar
a la derecha

PADRES PERMISIVOS

Hijos problemáticos

MARIANO GONZÁLEZ RAMÍREZ

Copyright © EDIMAT LIBROS, S. A.

ISBN: 84-9764-314-3
Depósito legal: M-48686-2002
Fecha de aparición: Febrero 2003

Colección: Guía de padres
Título: Padres permisivos
Autor: Mariano G. Ramírez
Diseño de cubierta: El ojo del huracán
Impreso en: LÁVEL

IMPRESO EN ESPAÑA – *PRINTED IN SPAIN*

El vacío de amor y vocación familiar, trae consigo la pereza y la negligencia y como consecuencia la permisividad cómoda.

El amor y la vocación familiar traen consigo la diligencia, la bondad, la buena voluntad continua de superación... y los hijos, hasta que son adultos responsables, se mantienen unidos a sus padres por el cordón umbilical de las poderosas emociones nobles. Todo ser humano amado desde la infancia es un ser-esperanza para hacer un mundo mejor.

PRÓLOGO

Recuerdo la frase de Aitana, una niña de cinco años, que contaba a sus hermanos:

—¿Sabéis una cosa? En casa de María quien grita es la madre, y quien sufre es el padre —Aitana descubría sorprendida a otras familias más allá del dintel de su ventana y comprobaba maravillada que existen familias distintas a la suya. Su realidad familiar, como la nuestra, oscila entre lo común y lo diferente.

Cada uno de nosotros ha nacido en el seno de una familia diferente, que sin duda tiene muchas características en común con las familias del entorno, pero que tiene también su propia idiosincrasia, su estilo peculiar de ver la vida y de relacionarse dentro y fuera de casa. El estilo familiar particular es la ventana a través de la cual aprendemos a vernos entre nosotros y a ver a los demás.

ADELINA GIMENO

¿Qué es la permisividad?

Permisible (que se puede permitir).

Permisivo (que incluye la facultad o licencia de hacer una cosa, sin preceptuarla. Que permite o consiente).

Permiso (consentimiento formal o licencia dada a alguien para hacer o decir una cosa).

Algunos sinónimos de permisividad pueden ser: benevolencia, afabilidad, blandura, flaqueza, tolerancia, condescendencia...

Pero, ¿cuál es el núcleo central de la permisividad? Cuando los padres permiten que el niño vea la televisión o el vídeo durante todo el día, ¿no es *por comodidad*?

—Los niños dan mucha guerra y si están entretenidos y nos dejan en paz, mucho mejor —dicen muchos «padres» que por el mero hecho de expresar estas opiniones no merecen ser llamados de este modo.

Este tipo de «padres» son un peligro para sus hijos, pues carecen de actitudes elementales, defectos de la falta de vocación familiar. De esta forma, no saben lo que significan los hijos ni lo necesaria que es una *educación responsable*. Ni tampoco se dan cuenta de que estas actitudes de desamparo humano, a la larga perjudican y desarrollan desequilibrios irreversibles en los futuros adultos.

La educación requiere mucha imaginación y ésta emerge de los padres, cuando existe puro amor. De esta forma, se pasa la vida gozando de los hijos, sin esfuerzo, fruto de las relaciones espontáneas y de la fuerza natural, que es la inmediatez del conocimiento por medio del contacto directo con los hijos. Así es divertido.

Los niños, desde los primeros años de su vida, son una revolución a la que tendremos que acostumbrarnos para poder llevarlos con paciencia, pues la ira es producto de la alteración del sistema nervioso cuando los estímulos saturan nuestro organismo. Somos humanos y tenemos que saberlo. No somos perfectos y debemos ser conscientes del significado que tienen los hijos y cómo se comportan. Por eso debemos ser creativos.

A los niños les gusta observar, aprender... y se divierten quemando gran parte de sus energías, jugando y expresando continuamente sus necesidades. Son muchas veces alborotadores, llorones, pejigueras, caprichosos... Emocionalmente, expresan sus estados de una forma directa. Son muchos los aspectos agradables y desagradables de los niños; por este motivo, debemos estar preparados para recibir un milagro de la vida que nos pone a prueba ya durante el resto de nuestros días.

Por todo ello es muy importante saber el significado que tiene ser padres, pero hoy día, por desgracia, estamos asistiendo a un avance de *la comodidad doméstica,* que se instala cada vez más en los «padres». Si para este tipo de gente lo más importante son ellos y su autosatisfacción, mal, muy mal, lo llevarán y van a pagar muy cara su falta de atenciones por el egoísmo propio.

Los hijos por obligación son desatendidos continuamente, y a la más mínima, si las condiciones económicas lo permiten, se paga a una niñera que se encargue de los pejigueras de los hijos. ¿Qué está pasando en el interior de esta gente? ¿Por qué son así? ¿Es la sociedad entera la que está atrofiando los impulsos nobles de los padres en esa loca carrera por ganar dinero, hacia una felicidad ficticia y egoísta?

Otros padres sienten *lástima por sus hijos;* les entristece su debilidad y con el tiempo sucumben a sus caprichos, ignorando que el niño o la niña, tierno ser débil, absorbe como una esponja los comportamientos y se hace adulto. Aprende y crece en función de todo cuanto se le enseña. El alimento —que desarrolla el cuerpo— y el conocimiento —que almacena las experiencias vividas en la familia— constituirán su carácter y estructurarán su futura personalidad. ¿Qué será de estos niños? ¿Cuál será su personalidad? Cada hijo se forma en función del comportamiento de sus padres y de la sociedad en la que vivan. Niños sobreprotegidos; los abandonados a su suerte; niños a los que se les permite todo; los que sufren necesidades materiales y emocionales... cada uno en particular evolucionará de una forma diferente y los más violentos e inhumanos serán aquellos con carencias emocionales, maltratados de muy distinta manera.

A lo largo de la historia humana es verdad que los niños fueron víctimas de sus padres. La tradición familiar y escolar fue de una violencia brutal del adulto hacia el niño, sin consideración alguna. Golpes, sadismo, crueldad y muerte fueron las consecuencias de una forma de ser ignorante y maligna. Muchos documentos y libros atestiguan que, durante siglos, se practicó una disciplina inhumana. Todo cuanto acaeció parece pertenecer al pasado, pero es muy difícil erradicar esa tendencia inhumana a la brutalidad, presente, porque estamos viendo hoy día que reaparece al más mínimo descuido en el ser humano.

Cuando las actitudes poco cívicas de nuestros hijos, fruto de la falta de amor y de una sana educación, asaltan la familia y la sociedad, algún que otro dictador reivindica el látigo y los castigos como la única disciplina eficaz. Pero estas actitudes, con el tiempo y la evolución, quedarán definitivamente erradicadas, y todos estamos contemplando cómo innumerables familias educan a sus hijos desde el amor y la tolerancia equilibrada. No desde la permisividad irresponsable, sin tener en cuenta las consecuencias que produce. Las familias sanas nos ayudan a comprender que todavía es posible el encanto de vivir.

Muchos fuimos los padres conscientes de tanta maldad hacia las frágiles criaturas y nos hicimos *protectores de la fragilidad*. Ignorancia que se paga cara, cuando vemos que la naturaleza interna y externa del individuo se manifiesta de otra forma, distinta a lo que habíamos pensado con lástima. Nuestro profundo y enfermizo estremecimiento nos hizo caer en una melancolía excesiva y negativa, con la que, también y en otro extremo, protegimos a nuestros hijos en exceso, permitiendo, sin saber las consecuencias, que hicieran tantas veces lo que les viniese en gana.

Otros abandonaron la actitud activa de padres educadores, por la dificultad que entrañaba y el tiempo que debían dedicar. Muchos fuimos perezosos, repito, enfrascados en nuestro mundo de interés particular; dispersos, más pendientes del mundo exterior, como consecuencia de una *educación de puertas para fuera.* ¡Cuántos padres tenían desatendidos sus hogares y se entregaban a las demás familias, como un correcto comportamiento humano desde el sentimiento noble *del amor fraternal al prójimo,* pero destructivo para su propia familia. Todos estos comportamientos loables, no lo eran tanto en el núcleo central de su vida. Su familia se encontraba desatendida y alterada por conductas equivocadas... mal, muy mal... y estas actitudes llevaron al descontrol, al griterío de los ánimos exaltados. *Padres chillones,* dejándose llevar por los mismos estados de ánimo de sus hijos. *Padres descontrolados,* en desacuerdo, incapaces de definir su tarea educativa por su nula intención, entre otros aspectos, de aprender.

La pereza, la desidia, la carencia de amor... producen actitudes que no benefician en nada a los hijos. Sueltos, con una mínima atención, sin normas, sin control... y como consecuencia de ese revoltijo de emociones sin educar, los hijos se hacen caprichosos. Saturados de todo, quieren más sin merecerlo. La permisividad infla de derechos a los hijos y anula las capacidades espontáneas de gratitud y entrega. Y cuando se les pide que cumplan mínimamente con sus obligaciones, vociferan criticando, como si los padres tuvieran que cumplir siempre con ellos como una obligación. Muchos son los hijos de la permisividad los que responden cuando se les llama la atención sobre su irresponsabilidad de una forma despectiva:

—¡*Ahora, que apechuguen conmigo. Yo no les pedí que me trajeran al mundo!* —con esta contestación se ve la pobreza y la ignorancia de unos hijos, en el fondo, víctimas del desencanto inhumano, familiar y social que nos inunda por todas partes. ¿Quién, en el planeta entero, ha pedido que le trajeran al mundo? ¿Qué animal, planta, ser humano normal se atreve a decir semejante improperio?

Ningún ser vivo viene a este mundo por capricho, porque, profundamente, todo está envuelto en un misterio inaccesible. Pero muchos son los que se han salido de la órbita del equilibrio, por el exceso de pensamientos materialistas e inhumanos y deambulan por el espacio mental descontrolados. Muchos son los padres que viven desde la profunda *desidia interior,* sin conocimientos básicos de la realidad humana que nos hace ser serios a la hora de valorar nuestra existencia. A ningún animal de otras especies se le ocurre perder *la dignidad de ser vivo,* y esto es muy serio.

Ante la mirada y las actitudes de unos «*padres*» *que aman, idealmente, sin amar; sin autoridad, flojos e indecisos... se crean los tiranos.* La permisividad infla el ego y reproduce la soberbia hasta niveles inimaginables. A largo plazo y a través de los años, los niños se hacen adultos y desarrollan celos, envidia, resentimientos, ira... efecto de un vacío sin igual y una carencia de valores aterradora, desbocados para hacer lo que les viene en gana. Algunos, con el tiempo, se hacen conscientes de lo aberrante de su forma de ser y emprenden el difícil camino del regreso, para empezar a aprender, con respeto, a ser más humanos. Pero estos son una minoría que han recibido lecciones de sacrificio, amor y paciencia de sus progenitores. Éstos, aunque tarde, pero eficaces, controlaron a tiempo lo que se les venía encima, y cambiaron sus actitudes.

Estos padres, en muchos casos, sin ser conscientes de lo que hacían, crearon hábitos permisivos y un estilo de vida cuyas consecuencias iban a desencadenar en sus hijos lacras de difícil curación. Cuando hay sentimientos, se producen las crisis, que van acompañadas de mucho sufrimiento y hacen de nuevo crecer rebrotes de esperanza y cambio hacia una noble y digna existencia emocional.

La realidad es diversa y cada familia tiene que aprender a conocer su diversidad, para conseguir reflexionar sobre su significado y el impacto que tiene lugar en el desarrollo de todos sus miembros. La capacidad de profundizar en su trayectoria, desde el inicio, momento en que la pareja decide unir sus vidas y tener hijos, es de vital importancia, y de este interés nace la necesidad de crear armonía a cada instante, aunque nos cueste.

Cada distorsión es una crisis y ésta nos enseña a superar otras dificultades. Muy difícil desde luego para aquellos que no tienen interés en conocer su historia, su herencia, sus creencias transmitidas de generación en generación. El impacto del pasado en el momento actual de la familia es algo que debemos conocer, para saber las causas de las dos tendencias: autoritarismo y permisividad. Cada época marcó un estilo de vida y sólo en la actualidad podemos hacernos conscientes desde la educación, y de una forma generalizada, de la enorme importancia que tiene la ecología familiar sana.

¿Y por qué es en la actualidad cuando podemos hacernos conscientes? Porque vivimos momentos de esplendor, de capacidad de análisis y descubrimientos. A pesar de tanto desencanto, el interés incesante de autores y educadores es que aprendamos a vivir de una forma saludable, donde la calidad de vida del cuerpo y de la mente sea lo más importante.

«Calidad de vida», es una frase que apareció con el progresivo deterioro del medio ambiente, de la pobreza de valores y de bienes materiales, y ahora se aplica a todo aquello que nos proporciona salud física y mental.

En el pasado fueron muchas las familias que tomaron conciencia de su realidad objetiva, pudiendo reflexionar sobre su propia conducta anterior, para mejorar el presente, enderezar el futuro, previniendo incluso a las futuras generaciones. Porque muchos sistemas familiares siguen atrapando a todos sus miembros en una forma de vida desquiciada y desordenada, llena de insatisfacciones destructivas. Por miedo se consiente, y son los padres los que innumerables veces tienen miedo de las reacciones de sus hijos y les permiten acciones indisciplinadas, desobedeciendo a la autoridad materna y paterna natural por la que se rige, necesariamente, la especie humana. El orden natural se transforma en un desorden caótico de enfrentamientos que afecta a todos. Y se lucha defendiendo ideas, actitudes y acciones desde todos los frentes: padres contra hijos; hijos contra padres; hermano contra hermano... y la pareja se debilita y desgasta en continuas fricciones, desembocando irremediablemente en la separación, y en muchos casos, la destrucción violenta y total de la familia.

¿Qué pasa cuando a los hijos se les permite hacer todo? ¿En qué se basa la libertad de las personas? ¿La permisividad de los padres hace hijos libertinos? ¿Qué es el libertinaje...?

Con este libro pretendo llegar a un fondo en el cual podamos reflexionar todos sobre la construcción del ser humano desde la base familiar. La historia está llena de hechos perturbadores, de faltas terribles hacia la libertad de los demás. La permisividad inconsecuente de cara a los hijos hace que éstos fracasen y desarrollen una personalidad problemática. Hay que saber qué necesita cada hijo con relación al amor, a la protección, a la seguridad... para satisfacerles sin necesidad de ser permisivos. La permisividad de los padres se da cuando excusan todos los comportamientos y se ven culpables en todo cuanto les rodea; se permite la desobediencia terca a todas las personas y circunstancias, se observa una nula disciplina al no respetar un código de conducta justo y firme.

¿Qué pasaría si todos los conductores se saltaran todas las normas y reglas del código de circulación? Sería el caos. Asimismo la sociedad no puede sobrevivir al caos de las consecuencias nefastas de la permisividad, porque es indudable que *la libertad del individuo termina donde empieza la libertad de los demás.* Y para conseguir que el ser humano sea consciente del significado tan importante de la palabra *libertad* tiene que aprender a vivirla desde la infancia: en la familia y en la escuela, y son los valores humanos los que hay que poner en acción como ejemplo, para que queden grabados como semillas, que el niño desarrollará con el tiempo, para conducir su propia vida en el profundo respeto que él mismo y la sociedad entera se merecen. Porque de otra manera, la armonía y el equilibrio social es imposible. Lo estamos viendo ahora y siempre. La historia está llena de personas sin escrúpulos, sin límites a la hora de actuar. Los individuos en estas condiciones pueden cometer todo tipo de barbaridades, y son ellos los que, por desgracia triunfan muchas veces en la vida, en los negocios, en la política... La familia permisiva y la sociedad hipócrita y corrupta, están continuamente creando monstruos, que arrasan con todo a su paso. Monstruos del vacío y la deshumanización; infantiles y destructivos, y por estos individuos estamos regidos. Es muy serio tomar la iniciativa de formar una familia, porque con ello nos estamos jugando el equilibrio y la armonía universal.

EL AUTOR

CAPÍTULO I

PERMITIR, PERO NO CONSENTIR. GENERACIÓN DE TRANSICIÓN

Hoy, día 13 de agosto, fui a ver a mi amigo Jaime a Las Rozas. Quedamos en un restaurante llamado «El Jamoncito». Es nuestro lugar de encuentro para intercambiar opiniones y muchas veces él me encarga alguna mascota, logotipo, dibujos...

Jaime es un hombre de sesenta años a punto de entrar en eso que llaman tan desafortunadamente «la tercera edad». Como no le gustan los convencionalismos y las etiquetas de esta sociedad estúpida, con su ingenio le ha cambiado el nombre. Desde ahora se llamará *la certera edad*. Es muy razonable llamar así a la última etapa de la vida de los seres humanos, porque es certera la sabiduría que se acumula a través de los años y un tesoro del que la ignorancia social se debería nutrir, respetar, obedecer y considerar como lo más importante de nuestra sociedad. Los abuelos son muy *certeros* y necesarios, porque enriquecen el corazón de la familia.

Jaime, con su experiencia profesional y humana, siempre me enriquece, porque tiene una forma de pensar y ver la vida, desde la objetividad y la necesidad de poner en acción los valores humanos: remedio del mal que ataca continuamente el equilibrio y la armonía planetarios. Nuestra forma de ser coincide en un punto luminoso común que es la sensibilidad humana, como la capacidad de inapreciable valor que poseemos los seres humanos para detectar el mal que está perjudicando al interior humano. Coincidiendo en ese punto, contemplamos el desencanto de un mundo, invadido de «extraterrestres» inhumanos, como suele decir él, destructores de la vida, desde la terrible insensibilidad. Porque los seres sensibles, amigos y amantes de la naturaleza son incapaces de hacerle ningún daño, y por su forma de ser demuestran que son los verdaderos habitantes de la tierra; un mundo que cuidan y aman. Todos los demás, son furiosos interesados, destructivos... porque al ser humano que aprecia y ama los ríos y la naturaleza entera, con todas sus criaturas, nunca se le ocurriría destruir y envenenar lo que discurre a través de los siglos, evolucionando de una forma tan perfecta. Y máxime, si su vida depende de los frutos de la tierra. Esos seres mal llamados «humanos» indiscutiblemente no son de este planeta, porque de siempre fueron una mala semilla ciega para entender la belleza de un equilibrio universal sorprendente. Los «extraterrestres» siempre fueron detractores y destructores de los tesoros naturales del interior y del exterior, con el único objetivo consciente e inconsciente, de llevar a nuestro mundo a la desolación total de un desierto inhabitable. Jaime y yo estamos de acuerdo y defendemos estos convencimientos con vehemencia. Nuestras palabras están llenas de vida, porque están cargadas de poderosos convencimientos de realismo humano.

Cuando hablamos, somos capaces de desgranar muchos asuntos. Cuando trabamos conversación, la información pasa de uno a otro con fluidez en un proceso de escuchar y hablar sin ninguna alteración egoísta, porque vivimos en un territorio común que sentimos que nos pertenece a ambos. Defendemos todo aquello en lo que estamos de acuerdo, y cuando nuestras palabras se vuelven incomprensibles, es porque entramos en zonas de experiencia personal; en ese momento intentamos aprender empatizando, para sintonizar mejor con las razones que se esgrimen. Aprendemos el uno del otro lecciones importantes. Yo le escucho mucho, porque tiene facilidad para expresar sus convicciones, desdramatizando con sentido del humor aquello que le parece absurdo. Jaime es una persona que ha desarrollado un nivel intelectual y humano muy bueno, habiendo pasado por la experiencia de ser padre de dos hijas, y ahora es un adorable abuelo.

Nuestra conversación empezó poniendo de manifiesto aspectos del pasado que influían en nuestra generación:

—El pasado histórico autoritario, ¿no crees tú que ha influido en la forma de ser de los padres de hoy?

—Creo que estamos viviendo *una generación un poco de transición.* Yo soy optimista pensando que los chavales jóvenes de ahora, teóricamente, y es un problema de estadística, un cincuenta y dos por ciento son agresivos, violentos, rebeldes, autodidactas, anárquicos... todo lo que quieras, pero hay un cuarenta y bastante por ciento de chavales sanos, deportistas, trabajadores, majos... que incluso tú los ves que tienen las ideas claras, en cuanto a aspectos de salud mental y física. Yo te diría que incluso las drogas en este tipo de gente están quedándose fuera de lugar, y creo que una mayoría de estos y de los otros chavales, no encuentran en casa el diálogo que van buscando, de alguna manera. Como también te puedo decir que la vida no se la estamos poniendo fácil. El que se prepara y estudia una carrera hasta ahí va bien, porque es una exigencia para poder competir y encontrar un trabajo. Hablo del cuarenta y tantos por ciento de gente muy sana y con capacidad mental y económica en su juventud. Hasta que avanzan en la carrera todo va muy bien, pero ya en el tercer año de carrera, se empiezan a plantear: ¿y después que? ¿Ahora no me habré equivocado? ¿Porqué? Porque estamos en esa, llamémosle, generación de transición, donde ya no es el estacazo, ni es el golpe al hijo, pero sí estamos todavía en un principio muy machista, de autoridad que el padre esgrime y un poco la madre (te hablo siempre de porcentajes) se subordina y se superdita a la opinión del padre, que todavía cree en la bobada de ser el cabeza de familia —Jaime cogía ritmo en su conversación, todavía no se había centrado en el tema como yo quería. No le interrumpí, pues todo lo que decía me parecía enriquecedor e interesante. Pensaba que en algún momento tendría que centrar la conversación en lo que realmente interesaba: «la permisividad». Y siguió exponiendo sus razones—. Pero tu asómate por ejemplo al País Vasco y verás que allí todo es un matriarcado, y la cabeza visible de estas familias es la madre, aunque el vasco guarda con celo su imagen con su chapela de ser machista por excelencia, presuntuoso, vanidoso y todo lo que quieras. Pero cuando te das una vuelta por los caseríos ves que la «aita», como llaman todos a la madre, es la que prima sobre todos. Y su opinión es la que vale.

—Yo me doy cuenta de que la falta de valores, el exceso de comodidad... inevitablemente causa daños en la actitud diligente. Una excesiva tendencia cómoda adormece muchas otras actitudes humanas. La pereza, la dejadez... son síntomas nefastos de despreocupación. Y yo no sé si tú estarás de acuerdo, pero todo radica en una incredulidad, donde no se ponen en acción comportamientos afectivos. Con frialdad y comodidad, los padres han dejado que los hijos tiraran por su cuenta y esto tiene como consecuencia una degeneración de su forma de ser noble. Porque si no han tenido el apoyo de los padres... ellos en algún momento tenían que decidir por su cuenta. De aquí surgen también los grandes resentimientos y la ruptura familiar.

Jaime me escuchaba atentamente. Empezamos hablando como dos intelectuales, de memoria, pero yo quería que aquella conversación fluyera de forma razonadamente emotiva, sentida y emanada de la objetividad y más centrada en «la permisividad».

—Ya... —Jaime pensaba, trataba de componer en su mente lo que iba a decir—, yo te entiendo, sí... es que... al hablarte de la importancia de la transición es importante para centrarnos en el tema. Yo te digo que nosotros nos hemos encontrado, un poco antes de casarnos y de constituir una familia, con el lema de: «Yo no quiero que mi hijo sea lo que yo sin remedio he tenido que ser» o «yo quiero que mi hijo sea algo diferente a lo que yo no he tenido más remedio que desarrollar.» —Al oír estas palabras pensaba en mis padres, ellos pensaban así hace treinta años, cuando yo era todavía un adolescente. En lo más profundo de su ser anhelaban ayudarnos, a mí y mis hermanos, para «que no sufriéramos tanto como ellos habían tenido que sufrir en la vida». Eran conscientes de la orientación que estaba dando la vida, y nos lo hacían saber con toda la angustia de sus frustraciones, el dramatismo de la lucha y el sufrimiento, por ganar un dinero con muchos sacrificios, que serviría para contribuir a nuestra felicidad —no interrumpí a Jaime mientras mis pensamientos se enfocaban en mi pasado familiar—. Entonces veías a unas personas con poca cultura, trabajando toda su vida, queriendo que su hijo fuese ingeniero, arquitecto... o vete tú a saber. Esto para mí fue un gran fallo, respetando las nobles intenciones de estas personas. Entonces este chaval, reconducido por el amor de los padres y el padre iniciándole, orgullosísimo de que su hijo iba a ser un importante ingeniero y él seguiría cuidando las coliflores en el huerto o el ganado en el campo. Qué pasa, llega un momento en que este chaval, quizá tarde, comprenda que su vocación no era ésa. Posiblemente, hubiera sido mejor que se quedara en el campo. Pero el deseo más profundo de los padres era lograr que su hijo consiguiera un buen poder adquisitivo y una posición en la sociedad, o simplemente ganar dinero para no sufrir necesidades. Este acto, en muchos casos, es compulsivo y produce rebeldía, si los hijos son obligados. Claro, de esta forma no encuentra en sus padres una lógica. Te estoy hablando de chicos de hoy en día. Porque el que ya ha adquirido, no una formación, pero sí suficientes conocimientos tiene capacidad para expresarse ante su padre. Porque él ya sabe, suficientemente, cómo va a ser el mundo donde se va a encontrar. Y su padre lo único que quería es que fuese ingeniero. De esta forma hay un choque brutal. Luego, por simpatía y mimetismo, este joven se une a pandillas de gente joven y todos se constituyen un poco en el colectivo que ha de enfrentarse al colectivo de los padres. Por otra parte tampoco sirve la referencia, y seguimos estando en una generación de transición. Nosotros a los seis años todavía éramos niños, y hoy día a los seis años ya son monstruitos, porque ya tienen una cultura audiovisual brutal. Ya manejan ordenadores, ya no comen cuentos (ni cenicientas, ni blancanieves, ni principitos...); comen robots, galaxias, televisión... y claro, tienen una «cultura», entre comillas, cultura audiovisual que es una brutalidad. La gran familia, cuando hablamos en plan muy rimbombante, de los padres de la patria, los padres del pensamiento, los padres de la leche... valga la expresión, a mí no me convence. Yo prefiero hablar de la madre, porque los padres del pensamiento... y digo yo, vamos hablar de la madre del cordero. La madre del cordero para mí es el quiz de las cosas y es donde está el meollo de todo. Pero yo sigo creyendo que después de este choque, inevitable a cierta edad, que hagan lo que hagan... es como la gripe, todo el mundo tiene un sistema para curarse su gripe: yo unos ponches, el otro antibióticos... el resultado es que durante tres días puedes aplicar el tratamiento que quieras, al cuarto día ya estás bien. Con los chavales a los quince, a los dieciséis, a los diecisiete años... es un estado gripal, al que aplicas lo que quieras, pero a los diecinueve o veinte, si no se ha torcido, que es donde te la juegas como padre, va a volver, porque ya se ha curado esa gripe. Y unas veces vuelven para ver si te encuentran más preparado para entenderlos, otras veces vuelven para decirnos: ¡Oye, recíclame! ¡Oye, vengo a ver si tú me reconduces!, y ahí está la labor de los padres. Después, oye, es muy cómodo tener a un hijo en casa, sabiendo que se le podían dedicar horas y horas, y lo único que hacen muchos padres es hablar después en las tertulias y en los grupos de amigos o con los matrimonios amigos tuyos, diciendo: «¡Hay que ver éste, que no hay manera de que se vaya de casa. Que se independice.» Entonces, todo es un círculo vicioso. ¡Es una brutalidad! Es que por donde lo mires es un egoísmo puro, total... lo que están practicando muchísimos padres hoy día.

—Es bien cierto. Y cuando tienes una madre, como la mía, con setenta y tres años y sigue con todas sus fuerzas cuidando de sus hijos, consideras que es un tesoro. Yo me pregunto: ¿Qué es lo que tiene esta mujer en su interior? Y la respuesta es: mucho amor y responsabilidad por sus hijos.

—¡Pero qué maravilla! —Jaime subió el tono de voz sintiendo alegría porque existieran todavía seres como mi madre. Yo seguí hablando de ella.

—Se ocupa de todos los detalles con una dedicación digna de admiración. No es una mujer permisiva, es una mujer entregada en cuerpo y alma y por vocación. Una mujer que vibra profundamente con todo cuanto les ocurre a sus hijos. Sufre mucho, porque ama mucho, y nosotros somos conscientes, pero no lo suficiente, para entregarnos como ella. Somos una generación diferente, y por más que trato de imitarla, no le llego a la altura de los zapatos. A ella nunca se le pasaría por la mente echarnos de casa, al contrario, muchas veces se acusa de no haberlo hecho bien, sobre todo por las circunstancias de la vida, que son las que deciden muchas veces los caminos de las personas. Qué diferencia entre el tipo de padres que abunda hoy día deseosos de deshacerse de los hijos, ¿verdad?

—Por eso te digo que estamos en la generación peliaguda. Si miras hacia abajo, no sabemos... unas veces, y son los dos polos que tú has dicho, tanto se peca por defecto como por exceso con los hijos, muy mal. Eso mirando hacia abajo, pero si miras hacia delante o hacia atrás, tampoco con los padres sabemos ser hijos. O sea, que no somos nada, ni somos padres con nuestros hijos, ni somos hijos con nuestros padres. Porque con los padres, ¿a qué nos dedicamos?: ver ahora qué hacemos con esta buena señora que fue mi madre, que como ahora se vive más tiempo, está perdiendo la memoria, tiene la autoestima por los suelos, se está convirtiendo en un vegetal; me han dicho que hay una residencia no sé dónde... ¡Fíjate tú dónde llega la aberración! O sea, ¿qué somos? No somos nada. Lo que yo creo es que hay una generación... una generación y pico... ¿eh...?, pues es muy fácil decir que hay una generación y parece que lo segmentas, ¿no?; una generación y pico donde no somos nada. Y yo me incluyo en ella, porque tengo la obligación de incluirme, que ni sabemos ser padres con nuestros hijos, ni ser hijos con nuestros padres. ¡Entonces qué coño somos! O sea... es que claro... ¡es que no puede ser! Y eso sí, puestos a elegir... y funciona otra vez un egoísmo que es absurdo, porque nuestra misma madre nos lo recrimina, que puestos a elegir, eres más hijo de tu madre que más padre de tus hijos. ¡Ocurre! Vas a criticar más que los hijos sigan en casa, que no se van... y todo eso, y en cambio tú te vas a preocupar todos los domingos, si puedes, de ir a comer a casa de tu madre... Pero tampoco es así, porque tu madre, que si tiene una visión de futuro, nunca mejor dicho, te dice: ¡qué mal lo estás haciendo! ¿Qué pasa con los niños? Porque, para ella, tú siempre serás un niño aunque tengas ochenta años. Tú fíjate lo niñitos, niños, niños, que son sus nietos. Es que fíjate, que todo es fascinante, que todo es maravilloso, que la familia es un reto y, además, que cada día descubres cosas nuevas y te enriqueces más... pero que lo estamos haciendo mal, pudiéndolo hacer bien. Pero es que los chavales, los pobres, lo hacen mal porque casi no tienen más remedio a veces. Es que no les dejamos muchos caminos para que lo hagan bien, y en cambio es muy fácil luego hacer un balance diciendo: a ver, ahora cuando llegue se va ha enterar, porque un día llega tarde, otro día va con amigos que no me gustan y el otro día tal... y no estamos buscándoles los valores ni apreciando lo que hacen bien, siempre buscamos los fallos a través de la crítica. Y claro, si le damos diez mandamientos, no vale que cumplan siete; además, ya les dejamos hacer desde el pecado, porque todo es establecer el se prohíbe hacer esto o lo otro, o las reglas de esta casa son estas, yo creo que es un fallo. Luego, en esto, es un trabajo de equipo en donde la pareja tiene que permanecer muy unida...

—Desde luego, hay que empezar bien. Me refiero a estar enamorados... la pareja debe tener muy claro que una familia es algo muy serio y que se debe empezar desde la base fundamental del amor.

—Sin duda. Para mí el motor es el amor.

—Si decides formar una familia, es necesaria una vocación muy grande y saber que no sólo va a ser erotismo y placer sexual o de otro tipo. Que el amor erótico vaya acompañado de mucha emoción de amor afectivo y de esta forma se arranca con conciencia de responsabilidad. De esta forma la permisividad no tiene fuerza, porque hay suficiente energía para hacer las cosas desde la diligencia, que ocurre como consecuencia de la alegría de vivir enamorados. De otra forma, si sólo atendemos al placer egoísta, llegará un momento en que caigamos en el egoísmo y la pereza, donde solamente estemos centrados en el placer de todo tipo. Placer de comer, placer de las vacaciones, placer, placer, placer personal y permanente... y después, como consecuencia de esta desmesura, viene el dolor y las insatisfacciones que trae consigo la deshumanización. Lo normal es que integremos a nuestros hijos en ese placer de tenerlos, porque son maravillas que la naturaleza nos ha concedido, como un bien y no como una molestia. Así ellos sentirán que son amados y apreciados y muchos males ni siquiera aparecerán.

—Correcto. Hay algo que entiendo bien: a los hijos hay que permitirles, pero no consentirles. Permitírtelo tú, pero no consertírtelo tú. O sea, los fallos... que los derechos de autor no los pague el hijo. Él puede ser culpable, pero tú eres responsable. Y la única cosa que no se puede delegar en este mundo es la responsabilidad. Tú puedes delegarlo todo en una empresa multinacional, la más importante, pero no vale ni matar al mensajero ni decir: la responsabilidad es de otro. ¡No! Hay un accidente aéreo, y la responsable siempre será la línea aérea. El culpable no sé quién es, pero la responsabilidad es esa, porque claro llega un momento en que no puede ser. Por eso yo estoy contigo en que la familia es algo muy serio, que no se puede tomar a la ligera.

CAPÍTULO II

EL PAPEL DE LA MADRE. EL RETO DE LA PAREJA: EL AMOR Y LA RESPONSABILIDAD FAMILIAR

—Los hijos deben tener siempre un punto de apoyo.

—Por eso, el trabajo de la madre es muy importante, porque... vamos, bueno... para mí es muy importante el padre y la madre, porque todo, todo... —al hablar de la madre se me encendió una bombillita.

—Tienes razón, porque ella es la persona que tiene al hijo. Alrededor de la madre y el hijo convive toda la familia, sobre todo cuando es pequeño. El padre está, pero si se valora concienzudamente, la madre tiene un peso muy importante, aunque haya sido creado el hijo con el esperma del padre. La naturaleza le concede un privilegio primordial a ella. El padre, desde tiempos remotos, tiene como misión proteger a la madre y al hijo, si le ha llegado a lo más profundo su papel, porque lo normal es que el padre desaparezca del escenario de la familia. El papel del padre es un papel muy suelto para hacer lo que le da la gana, pero si está enamorado de su familia, esto va a desarrollar una capacidad de responsabilidad muy importante. La madre normalmente —salvo muchas excepciones, y eso lo estamos viendo hoy día—, es la que asume al hijo como carne de sus carnes.

—Si todo eso es así, cuando tú tienes sesenta años y tú madre vive, tienes esa suerte, y vas a verla... te encanta que te digan mi niño y te hablen de las cosas que hablaría con su niño, y tú te infantilizas con tu madre siempre. Disfrutas una barbaridad. Cosa que es peligrosa aplicarla con los hijos, cuando están en edad de crecimiento. Porque si a un niño le infantilizas más cuando es niño, le haces polvo. En cambio, cuando tienes sesenta años, que tu madre te diga esas cosas, ¡qué bonito, que te traten como a un niño! Ahora a un niño le tienes que tratar a otro nivel, entre otras cosas como cómplice, amigo... y sobre todo hijo. Y eso las madres lo hacen muy bien. Creo. Sobre todo con las hijas, siempre parece que no, pero se crean grupos por sexos inevitables. El padre habla con el hijo, la madre con la hija, y cuántas veces oyes cómo la madre inteligente le dice: «oye, si sales todas las noches a partir de las diez de la noche, lo normal es que acabes, o bebiendo demasiado, con droga o con amigos irresponsables, acostándote tarde... o lo que sea. Esto es la obligación que yo tengo de advertirte. Ahora tú misma...» —pero que ella sepa hasta dónde puede aconsejar a su hija, no obligarla, porque si esta conversación, donde la madre le da el gran argumento y el mejor razonamiento, con todo amor y todo cariño, y al final le dice: «yo ya te lo he dicho, ahora tú misma serás la que debe tomar las decisiones...», pero a continuación viene el padre y le dice: «¡de aquí no sale nadie a partir de las diez de la noche!», pues automáticamente se produce una reacción de rechazo en esa hija que estaba dispuesta a discernir muy bien y a volver al cuarto día diciéndole a su madre que tenía toda la razón, porque es peligroso andar por ahí a altas horas de la noche. Pero si le prohíbe salir, pues esa hija está diciendo: ¡aquí tengo al *sherif!* e incluso hay un momento en que ella le pide a su madre que interceda porque no la deja salir. Es que en este tipo de cosas es donde hay que andar con mucho cuidado y desde luego la pareja, que es el núcleo de donde ha nacido todo, tiene que amar y desde ahí desarrollar imaginación, respeto, tolerancia... y con una capacidad de diálogo buenísima para poder entenderse. Porque yo creo que cada uno, él y ella, no es conveniente que presuman de currículum. ¡No! Nos hemos casado y vamos a hacerlo lo mejor que podamos, que para eso hemos constituido una familia. Cada vez en España, todo esto lo tenemos que tomar con más rigor, porque estamos viendo que antes, lo normal es que en una familia fuesen diez, ocho hermanos... hoy día no damos ni la media europea. Estamos en un hijo punto tres o así. En un hijo punto tres, es que... te casas, y esa familia que vas a constituir con el fruto de ese amor, es sólo un hijo. Yo he tenido nueve hijos, y el uno es fontanero, el otro es ingeniero, el otro está en el campo, el otro es futbolista... y las hijas se han casado todas. Si tienes una hija ya no es a ver si la casas. Seguramente se casará, pero lo realmente importante es a ver si la ayudo, porque me la juego con la única persona que tengo importante que es o un hijo o una hija. Vamos a pensar el de uno punto nueve. Estoy a punto de tener dos, pero de ahí no paso. O sea, que cada vez nos obligamos más y hasta la propia naturaleza aquí juega a favor nuestro porque nos ha marcado que no es tener ovejitas, sino uno o dos hijos bien atendidos. Fíjate, lo que te obliga eso. Entonces la permisividad es fruto del egoísmo; desavenencias entre la pareja; la crítica constante desde el resentimiento; el culparse el uno al otro por las decisiones que toman... «Yo le he dicho que vaya. Bueno que ya es mayor y que haga lo que quiera», pero no es facil, porque ha cumplido cierto número de años y no le has ido acumulando en esos años el equipaje que necesitaba para salir esta noche, y sale sin equipaje por culpa tuya. «Oye, si ha salido, pero, ¿se ha llevado la maleta? ¡No!», pues dentro no lleva ni la preparación, ni la formación, ni los consejos, ni la ayuda que teníamos que haberle dado. Y claro, esa permisividad, no es sólo... ya tienes quince años según calendario, puedes viajar. ¡No! Porque no te he preparado la maleta. Es que es un fallo ¿eh?

—Es un fallo.

—Claro, no es normal desde la forma de ser de padres que aman de verdad.

—Yo por ejemplo con mis hijos, y soy sincero, cometí muchos errores. Menos mal que pude rectificar a tiempo, pues fui también uno de esos que se dejaron llevar por la comodidad de la mentalidad vana de los tiempos. ¡Qué horror! Cuando la pereza y la desidia te atrapan, así es muy difícil recomponer tu vida. Y lo peor de todo es la idea que tienes de lo bien que lo estás haciendo. Que eres muy bueno es un engaño. El *yo-idea* que tenemos de nosotros mismos nos la juega en la posibilidad de poner en tela de juicio la realidad interior y exterior. Cuando esto sucede es imposible rectificar, sólo la crisis profunda te hace ver que lo estás haciendo francamente mal, y que no eres lo bueno que creías ser. Ahora te puedo decir, y después de mucho esfuerzo personal, que mi paciencia y sobre todo la no violencia y el reconocimiento sincero del amor que les tengo a mis hijos, ni más ni menos de lo que siento por ellos, que es mucho amor, *es una realidad*. Estoy reconduciéndome para que tengan ese punto de apoyo que necesitan. Pero ya reconozco que, tanto a su madre como a mí, nos necesitarán durante toda la vida, y nosotros estaremos ahí para ayudarles en todo lo que haga falta. Esto es como una revolución interior, frente al vacío existencial y materialista que nos asola a todos. Porque no podemos ser tan infantiloides.

—Hay una cosa que siempre digo en mis charlas y conferencias. Por mucha documentación que tú acumules, por mucha preparación que tengas, aunque la estadística te funcione y tengas todos los datos y todos los índices y cuentas de resultados y todo... hay un momento en que, cualquier gerente, cualquier director general, cualquier padre de familia... ojalá los tenga todos, y con esa carpeta llena de datos, de experiencia, de preparación, de moral... de todo. Dice, bueno ya tengo todos los datos, pues ese es el momento en que cierras la carpeta y dices: me la juego. Siempre hay un índice de riesgo que ojalá esté muy aminorado. Sea cero punto, punto, punto, tres.

—Es la vida.

—Pero esa es la vida. «Tú misma —le dice la madre a la hija —... yo te he dado todos los datos que he podido.» Ya tengo la carpeta llena, y ahora sí: que cuando cierro la carpeta, tengo que decir: *me la juego*. Me la juego diciéndole: «Tú misma eres la que tienes que decidir, porque no vale de nada todo lo que he acumulado, si ahora no puedes salir de casa. Porque de esta forma, no te dejo ser tu misma. Tengo la obligación de darte ese equipaje para tu viaje, pero...»

—Hay una frase que me gusta mucho y que repito una y otra vez cuando veo que los hijos irremediablemente cogen un camino que ves claramente que es el equivocado. Es esta frase: *«Los hijos también tienen derecho a equivocarse».* Aunque nos pese.

—Muy bien. Me gusta. De los errores se aprende y eso te ayuda a seleccionar caminos. Porque, claro, la gente que radicaliza las cosas es como si llegara a una encrucijada de caminos, y dice: tomo por aquí y ya toma por ahí y va a piñón fijo. El hecho de que tú hayas tomado el camino equivocado no quiere decir que hayan dejado de existir los otros caminos, y llega un momento en que, a los diez pasos, a los diez meses, a los diez años... dices: no me gusta el paisaje, las piedras son demasiado molestas... no sigo. Entonces, tienes la oportunidad de rectificar y puedes coger otro camino. Pero, claro, los padres que radicalizan las situaciones, cuando das los tres primeros pasos ya dicen: «Éste ya ha elegido y ya no tiene solución.» De esta forma, no te dejan que retrocedas. Y si un día el hijo o la hija dice: «Oye, me había ido, pero no me ha gustado la aventura de estar en ese grupo. Me vuelvo a casa», los padres inflexibles dicen: «No. Porque tú ya habías elegido.» ¡Qué va! Es que es fuerte, y eso es de una brutalidad inhumana impresionante.

—Estas acciones normalmente salen de padres que son permisivos por comodidad. Ningún padre que ama a sus hijos permite que éstos hagan lo que les dé la gana, o los eche de casa, o no los reciba si quieren volver arrepentidos, para reconducirse en la vida. Cuántos casos de hijos drogadictos hay que, por no tener ya más oportunidades, se hunden definitivamente, se suicidan o mueren en el horror de la droga.

—Que esto lo hagan los padres y no se avergüencen de haberlo hecho, sino que encima te digan con dos cojones que es lo mejor que han podido hacer..., ¡Esto es inhumano desde todos los puntos de vista! ¿Acaso ellos están limpios de toda mancha? ¿Hay que ser perfectos en esta vida para merecerlo todo? ¿Qué está pasando para no darnos cuenta de las necesidades y problemas de nuestros semejantes?

—Yo creo que nos estamos volviendo ciegos para entender que somos todos una mierda, y que como tal debemos vernos para poder comprender esto. Que todos necesitamos ayuda y amor, para que nuestra parálisis mental inhumana desaparezca de una vez por todas.

—Yo siempre me pongo en los zapatos del hijo o de la hija. Y digo: si yo estuviese en sus zapatos ¿que haría? Y si la hija o el hijo expulsado de casa o no aceptado, en momentos duros de dificultad piensa que sus padres son unos cafres, unos irresponsables... pero efectivamente, es que no daban la talla como padres. Yo ahora que estoy en la calle no soy culpable de nada, al contrario, tengo la gran oportunidad de lo que él no me iba a aportar, írmelo dando yo con la preparación natural que me veo. Y no acabar en drogadictos, ni prostitutas... Pero es espantoso asomarte al papel de este tipo de padres y decirles: Pero, bueno, ¿con qué derecho has tenido una hija o un hijo?

—Pero hay que reconocer también que en muchos casos los padres son inocentes. Hay cada hijo o hija que son seres aberrantes. Verdaderos delincuentes inhumanos, influenciados por malas compañías o vete tú a saber.

—No, si ya lo sé. Es complicado, pero desde luego te encuentras... pero es lo que decimos siempre, porque también te pones en los zapatos de los padres y que cantidad de situaciones encadenadas le han llevado a no discernir, no conocer, no concluir, no creer en nada... y llevarles a tomar decisiones, muchas veces, por una clara influencia de las circunstancias negativas. Hay muchas personas que no creen en nada. Yo me tropiezo a veces con gente, como te pasará a ti, que te dicen: «No, es que yo no creo en nada. No creo en la pareja. No creo en el amor. No creo en tal... Efectivamente, están marcados por unas situaciones muy fuertes y se han deshumanizado. Claro, y ya no creen en nada. Ya no hablo de religión, si es que no creen en el planeta, ni en la sociedad, ni en el dinero, ni en la amistad... ni en nada.

—Es verdad, y lo sé por experiencia personal. En estas condiciones no crees ni tan siquiera que todos los años viene la primavera. Es espeluznante la deshumanización.

—Sí que tiene que ser horrible. Y cuánta gente deshumanizada hay. Bueno, terminamos aquí. ¿Vale?

—De acuerdo —y seguimos hablando de otros temas. Él pidió otra caña y encendió el siguiente cigarrillo.

CAPÍTULO III

AUTORITARISMO Y PERMISIVIDAD. PROCESOS EXPERIMENTALES, HÁBITOS, NORMAS, COSTUMBRES... PARA RESPETAR A LOS DEMÁS

Un día de agosto me encontraba con mi madre y dos de mis hermanos, José Francisco y Manuel, en Castilla-La Mancha, tierras en donde se inspiró Miguel de Cervantes para crear su genial obra de literaria *Don Quijote de la Mancha*. Después de pasar unas inolvidables horas de visita por Toledo, nos dirigimos hacia Alcázar de San Juan y desde allí hacia Campo de Criptana. Pasado El Toboso, eran las dos de la tarde y hora de comer; por tanto, buscamos un lugar donde extender cuatro sillas y una mesa, para degustar la comida que nuestra madre había preparado con todo su amor.

Nos encontrábamos en la extensa llanura castellana, escasa de árboles. Lo ideal hubiera sido encontrar un río y una alameda, para estar fresquitos, pero aquellos campos estaban pelados de árboles. Aquellas tierras llevaban siglos preparadas para el cultivo de la vid y los cereales. No entendía bien cómo sus habitantes no plantaban los benditos árboles que traen la humedad y la lluvia. No cabía en mi cabeza aquel paisaje desolado de vegetación. Pensaba en tiempos pasados, cuando aquellas tierras habrían sido bosques de árboles de muchas especies. Me sentía triste al intuir, todavía, la escasa sensibilidad del ser humano, para no ver la necesidad urgente de árboles que tiene nuestro país. Aquellas inmensas llanuras peladas de árboles eran indicio del egoísmo y la dejadez, de generaciones y generaciones, que arrasaron con todos los bosques, con ignorancia y sin ningún miramiento, para convertir las tierras en productoras de una agricultura de ganancias económicas. Pero... ¡en qué cabeza cabe, no mostrar ningún tipo de sensibilidad e interés por los árboles de la vida! Qué trabajo les hubiera costado plantar al borde de los campos de cereal o de vid, diferentes tipos de árboles autóctonos. ¡Pues nada, todavía no cayó el alcalde ideal, sensible con el medio ambiente, que en aquellas ciudades y pueblos, se empeñase en esta noble labor! Y Castilla-La Mancha sigue y seguirá siendo tan seca y despoblada de ese hermoso verdor de la vida vegetal.

Eran las catorce cuarenta y cinco y todavía nos quedaba ajustarnos a un lugar determinado. Y mirando hacia la izquierda de la carretera vimos un grupo de pinos de troncos fuertes y copa alta. Nos pasamos. Pero viendo que era un sitio ideal para el descanso, dimos la vuelta. Después dejamos la carretera y nos metimos por un camino de tierra, piedras, hierbas secas y otros elementos, hicimos pasar el coche con mucho cuidado, con el consiguiente roce de los jaramagos. Tuvimos miedo de que alguna piedra afilada rozara los bajos o el tubo de escape, pero no fue así. Llegamos al llano donde se establecían aquellos bellos y altos pinos. Nos quedamos en la hermosa sombra que daba el primero de ellos. Era extensa y cuajada en tierra de hierbas seca. El coche lo aparcamos al lado, en una sombra rota por multitud de lagunas de luz solar. Aquel pino no era tan frondoso en ramas y hojas. Su copa era un colador de bellísimos rayos que se encendían y apagaban por la influencia del viento. Por la copa de aquel pino se filtraba la magia de aquel día esplendido, de brisa templada. Calentaba el sol, pero se podía estar. El aire fluía a través de aquellos pocos pinos y éstos emitían ese sonido suave y placentero que produce el roce continuo de ramas y hojas, cuando el aire traspasa el majestuoso milagro de ser árbol. Comimos. Hablamos en la intimidad de aquel lugar y los sonidos naturales nos invitaban a escuchar. ¡Un milagro! Ciertamente, cuando sabemos percibir con los sentidos todo es milagroso, y aquel aire, aquellos escasos pinos en la extensa Castilla-La Mancha, el sonido de los pájaros... nos hicieron sentir instantes de felicidad, de perfección... Hablábamos los tres hermanos con nuestra querida madre, con mucha calma. Me parecía mentira haber alcanzado por fin aquella quietud de ánimo, donde las emociones y los egoísmos personales por momentos iban desapareciendo, para dejar paso a la construcción del corazón de las relaciones íntimas en familia. Mi madre y nosotros colaborábamos para que aquella magia natural no se enrareciera ni lo más mínimo con nuestra presencia. Nadie se daba cuenta de este matiz, porque todos estábamos envueltos por aquel universo de paz. Ya por fin, entendimos todos lo que significaba estar en armonía, porque, en esta forma de estar, se goza de la vida. Lo normal en los seres humanos es perturbar la paz que trae consigo el entorno natural. Con nuestros conflictos personales alteramos el medio ambiente. Las emociones encontradas son contaminación de los ambientes tranquilos que procuran paz y dicha. Es algo en lo que debemos darnos cuenta, para así poder disfrutar de la vida en todas sus dimensiones.

Catalina, nuestra madre, nos amó durante toda su vida. Nos dio todo, como nuestro padre, pero no nos permitió todo, porque nos amaba. Nuestra familia pasó por momentos muy difíciles, pero siempre el amor fue el gran lazo emocional noble que nos salvó de tantas tempestades destructivas. Me parecía mentira haber llegado a aquel nivel de sosiego, donde la mente se va calmando y valora lo importante que es la superación personal a favor de la célula familiar.

Después de comer, le propuse a mi hermano José Francisco, psicólogo, caminar un poco y hablar de la permisividad. Cruzamos andando bajo la sombra los quince o veinte pinos plantados en aquel lugar, y hablamos, bueno, le dejé hablar, de todo lo relacionado con el tema de interés para desarrollar este libro.

—Yo creo que nuestra sociedad va pasando por muchas fases. Hace cincuenta o sesenta años, pongamos por ejemplo, la permisividad no era un tema fundamental de nuestra cultura, ¿no?, sino todo lo contrario. Entonces se decía:

cuando seas padre comerás huevos. Se llevaba a rajatabla en tiempo de papá y mamá. Si no obedecías al adulto, te sometían a base de castigos físicos. Pero no solamente en los hogares, sino también en la escuela. Los profesores se dedicaban a arrear. ¿No? ¿A ti no te ha pegado ningún maestro algún buen palo?

—Palo no, reglazo. O te ponían de rodillas y con los brazos en cruz, soportando el peso de unos cuantos libros en cada mano. ¿Te acuerdas de cuando nos castigó don Francisco, el maestro del pueblo, a estar todo el sábado de rodillas en la clase y después, las ultimas horas de la mañana, cuando fuimos a rezar el rosario en la iglesia, siguió con el mismo castigo? ¡Increíble!

—¡Qué vergüenza pasamos! No me voy a acordar. Y en los salesianos, yo recuerdo haber recibido un buen tortazo de un cura. Y fíjate, ahora la ley prohíbe totalmente tocar a los niños. Tú tocas a un niño y se te puede caer el pelo. Que me parece muy bien ¿no? Todo esto refleja el cambio de actitud de la cultura. Antes, en casa, estaba permitido que el hijo entrase por unas vías, a base incluso de vejaciones. Era normal. Era admitida la violencia como algo normal. Entonces, con el tiempo, evoluciona la mentalidad educativa, y como unas generaciones van en contra de otras para innovar... y aparte de eso es que se mejora en flexibilidad y aparecen nuevos conceptos que son más evolucionados. Y bueno, es una evolución del espíritu. ¡Muy bien! Lo que pasa es que la gente en general no está preparada y hace todo lo contrario de la corriente que viene anteriormente, pasando por un plano de inflexibilidad total a otro de flexibilidad también en el otro extremo. Yo no sé si te acuerdas de que, en Alemania, unos amigos de papá y mamá... Pedro se llamaba. ¿Te acuerdas?

—Sí, sí... claro que me acuerdo de Pedro. Que tenía un niño y una niña y era de Murcia.

—Pues su hijo llegaba a casa y se subía por encima de los muebles. Y si mamá le decía algo, respondía: ¡No, no... déjelo, que hay que educarlos libremente! Y mamá le tenía que dejar saltar y brincar libremente en los sillones. Por esta época de principio de los años setenta, entraba otra corriente completamente distinta al autoritarismo que se había vivido décadas atrás. Incluso el aspecto cultural cambia hacia otra postura que es de carácter más flexible hacia el niño, y aparece la permisividad. Entonces, la permisividad es un defecto de la flexibilidad. Porque debemos ser flexibles, pero no caer en extremos.

—Entonces, el autoritarismo y la flexibilidad, ¿son fenómenos sociales desde siempre?

—No de siempre. Son procesos experimentales. Cuando los seres humanos llegan a uno y creen que la solución está en el otro se radicalizan. Entonces siempre hay experiencias que nos van llevando, como un péndulo, de una a otra parte. Ahora estamos viviendo tiempos de flexibilidad. Anteriormente nuestros padres y abuelos vivieron épocas de rigor, en muchos casos en extremo inhumano, y en la actualidad la flexibilidad, a través de la permisividad, está produciendo violencia, delincuencia en algún grado... Pues cuando se toque techo, si es que no lo hemos tocado todavía, se producirá un cambio. La gente que es consciente de ello, se va moderando y tiende hacia el otro polo. Lo ideal sería encontrar un equilibrio.

—¿Por qué los seres humanos olvidamos tan facilmente las experiencias negativas?

—Porque se pierde la experiencia del otro. De una generación a otra. O mejor dicho, de un ciclo a otro, se pierde la memoria histórica, y se vuelve a caer en los mismos errores. Se radicalizan las posturas. Por eso es bueno que los medios de comunicación nos recuerden continuamente los desastres que los extremos producen. Los medios de comunicación y todos los medios que haya para recalcar las nociones de amor y tolerancia.

—Todo es posible en estos tiempos, gracias a los medios de comunicación, y sin embargo no es suficiente.

— Pues fíjate, antes era peor. Las experiencias desastrosas quedaban escritas, y los procesos experimentados por una sociedad, en donde de verdad se quedaban grabados era en sus genes. La evolución del ser humano hacia la armonía es un hecho evidente, pero muy lento, por el escaso conocimiento y el olvido. --El fenómeno de la permisividad es un fenómeno negativo y antieducativo. Es: yo permito a mi hijo hacer todo lo que le de la gana, para la propia satisfacción, y entonces no aprende a adaptarse y a conducirse por unas normas sociales. Porque la sociedad, lo queramos o no, se rige por normas, y las normas son necesarias para vivir en libertad condicionada, en el respeto a la libertad de los demás. Entonces, si el niño no aprende sus limites, sus puntos de referencia... pues su conducta puede llegar a ser desadaptada. Que eso es lo que está sucediendo en los colegios. Ahora se dice, y lo están estudiando las universidades, que el fracaso escolar no es un fracaso de la escuela y de los métodos pedagógicos, sino un fracaso de los padres. Porque cuando el niño empieza a leer, controla su propio impulso: saber estar de una forma determinada, un tiempo, adquirir unos hábitos, etc. Y si el niño no está acostumbrado a tener unos mínimos hábitos, pues se encuentra inadaptado del grupo que sí los ha adquirido. Los hábitos son un tema educativo muy importante que se exigen en la educación infantil, porque son la base del aprendizaje posterior. O sea, yo puedo aprender a leer y escribir, por ejemplo, fíjate una cosa tan alejada del tema de la permisividad, si yo puedo autocontrolar el propio impulso; si yo llego a estar sentado en un sitio, con un orden... ¿me explico?

—O sea, que es robotizar al ser humano para su propio bien y el de los demás.

—¿Cómo robotizar?

—La educación es crear hábitos, y éstos son condicionamientos. No quiero decir que sea malo, sólo que, sea cual sea la educación recibida es una cuestión física y mental, porque el cerebro es el que dirige los grandes grupos de funciones orgánicas y las funciones psíquicas. ¿No es así?

—Lo que pasa es que cuando se adquiere la mecánica de la lectura y de la escritura, con profundidad, es una tendencia hacia la comprensión, es una muleta y un medio para llegar a otros ámbitos mentales. Someterse a la norma es memorizarla y aplicarla continuamente y en esa acción se crea el hábito.

—Pues ya está. El cerebro se condiciona automáticamente a hacer siempre lo mismo en determinadas situaciones. Soy libre para hacer lo que me de la gana cuando estoy solo, pero el hecho de tener una persona a mi lado es una condición para que ponga en acción ese hábito que guardo en mi memoria inconsciente, y que se manifiesta automáticamente.

—Yo lo que te quiero decir es que si el niño no tiene unos límites, unos hábitos, unas costumbres, unas normas educativas que le enseñan los padres... si todo se lo permiten, ese niño no se incorporará a las normas mínimas de la sociedad ni tendrá puntos de referencia. Entonces, cuando llegan a la escuela serán pequeños salvajes, que tendrán que someterlos a que estén en un sitio sentados, en silencio durante el tiempo que dure la clase... Entonces, la permisividad no te lleva a que el individuo sea luego más maduro, más desarrollado, más feliz... sino que lo normal es que sea un salvaje. Claro que son condicionamientos por los que el ser humano tiene que encaminarse. Pero no sólo eso, la educación es disciplina y control de todos los impulsos. Pero es que estando en libertad total y solos en medio de la naturaleza, nosotros en esa soledad también nos controlamos, es como una profunda necesidad de supervivencia que tiene el ser humano y por la alegría que recibe al sentirse en armonía. El objetivo de la educación es la armonía personal y social. Pero si no nos enseñan a profundizar, ¿cómo podemos comprender? Imposible. Entonces, las cosas más distantes están en estrecha relación con el tema de la permisividad. De hecho, se dice que el fracaso escolar, ahora, no es un tema de los profesores, es un tema de la familia.

—Yo no estoy del todo de acuerdo, porque la pereza, la desidia, la falta de responsabilidad, la falta de amor por la profesión y por los alumnos... son en suma el caldo de cultivo de la permisividad más espantosa. Los padres y la escuela y el monstruoso e inhumano Ministerio de Educación y Cultura, están fallando en cuestiones de amor al individuo, independientemente del grupo. Una escuela son individuos personales que necesitan, además de normas, afecto y mucho apoyo, sobre todo cuando están en dificultades, y no la postura de escurrir el bulto irresponsablemente. Tanto en la familia como en la escuela encontramos falta de vocación, donde de verdad se ame a los seres humanos —levemente me enfadé con mi hermano, porque, ciertamente, después de muchos análisis y habiendo sido alumno y padre durante tanto tiempo, sabía mucho de las carencias de esta sociedad, volcada única y exclusivamente en la preocupación constante por formar para ganar dinero. El objetivo aberrante es formar para competir y ganar, nada de amor ni de gaitas, y así salen las bandas de delincuentes incívicos que salen. El Ministerio a la cabeza de la deshumanización y el fracaso radical. Nada de afectos y comprensión al ser humano individual. Como si las emociones nobles contaminaran, y nada más lejos. La deshumanización era un proceso que había empezado ya mucho antes de nacer nosotros, desde los inicios de la creación de los seres vivos, donde nos devorábamos los unos a los otros. Por necesidades nos fuimos educando, o sea automatizando comportamientos para controlar nuestros impulsos caníbales. Y habiendo llegado a una robotización consensuada por imperiosa necesidad de supervivencia, todavía caemos continuamente en la robotización normal del odio y la mentira. Gracias a la sabiduría fuimos entrando por el aro para comprender que se vivía mejor en estrecha colaboración y adaptándonos a un sistema de vida que todavía deja mucho que desear. Pero la sabiduría nos dura poco cuando el sistema hipócrita solo entiende de odio e intolerancia. Porque cuando se habla de amor, se aborrece la palabra. ¿Por qué ocurre eso? Es más fácil entender de odio en las empresas, en la familia, en la escuela... porque con normalidad es lo que vivimos todos los días. Estamos saturados de mezquindad, celos, envidia, violencia... es lo normal. Si el descubrimiento del fuego fue decisivo para el ser humano, el descubrimiento del amor va a ser la leche, pero, ¿cuándo llegará ese día? Mi hermano y yo caminábamos hablando afablemente, no sin alguna que otra alteración del ánimo cuando nuestras ideas no coincidían, pero en general estábamos bien sincronizados y exceptuando su anterior opinión todo fue sobre ruedas, o mejor, sobre nuestros pasos, en un día de sol de justicia a las cuatro y media de la tarde, en Castilla-La Mancha.

—Tú fíjate en una persona que no esté supeditada... entonces las normas, la disciplina... todo esto moderadamente es muy bueno. Yo no soy partidario de «la letra con sangre entra» ni nada de eso, que son barbaridades, pero sí que hay que poner unos límites en la gente y desde la infancia. Entonces tú te haces como tu hijo, eres como él, pero tú eres el adulto que le guía. Y en esa dirección pues está la disciplina, las referencias... porque vivir en sociedad es, fundamentalmente, vivir entre normas. Si es que eso es de cajón, para poder adaptarte a tu medio social...

—... *mi libertad termina donde empieza la de los demás,* ¿eh? —terminé la frase en un punto de coincidencia, cortando su conversación.

—Que si... —y siguió su ritmo de palabra razonada—. Entonces los padres que no ponen esos límites, llevan a los hijos a una situación conflictiva, cuando ya entran en una colectividad más amplia y no pueden controlar sus propios impulsos, por carecer de referencias. Hace tiempo me vino una madre quejándose de que su hijo se gastaba verdaderas burradas con su teléfono móvil, llegando incluso a sobrepasar el cincuenta por ciento de lo que ganaba el padre. Me enfurecí, no solo con el hijo, sino también con esta madre. Este hijo había sido educado sin referencias, en este caso sin referencias del gasto. Esto es un ademán que se corresponde con la permisividad. Ese chaval ha tenido que vivir ambientes continuos de permisividad. Pero ese chico o chica que se gastan el sueldo del padre en teléfono, en el fondo son inocentes de obrar así. ¿Sí o no?

—Hombre, inocentes... Llegando a una edad hay conciencia de culpa aunque la educación haya sido desastrosa.

—Pero la mayoría carecen de esa conciencia por hábito. De la misma manera podrían haber sido educados desde la infancia en hábitos menos perniciosos. Los que tienen la responsabilidad de guiar a sus hijos, en el proceso educativo han errado necesariamente. La conciencia de culpa se puede tener, pero otra cosa es poner en acción hábitos de los cuales se carece, máxime si de adultos se trata. El joven tiene que estar muy convencido del cambio por algún motivo crítico, para poder desandar y volver a empezar a vivir otro camino.

—Los hábitos de permisividad descontrolan por completo.

—Claro, y ese descontrol lleva a la ruptura de la familia, las causas fundamentales de convivencia, de los problemas de pareja, de divorcios... Y es porque en eso que llaman célula social, que es la familia, no hay un mínimo de armonía, en cuanto a los mínimos exigibles. A uno mismo y a los demás. O sea, que vivir en familia, no es vivir... ¡hale, en la selva virgen!, sino que es atenerse a un mínimo de normas que establece la propia familia. Son normas del equilibrio. No tienen por qué ser extremas porque caemos de nuevo en el autoritarismo. Tampoco es cuestión de predominio de la mujer o el hombre. Lo mejor es el equilibrio, la equidad y el respeto. Los niños pequeños tienen que aprender que el respeto es un concepto real. Entonces, el adulto es el que guía. Cuando los chicos caen en esa falta total de respeto, siempre hay que buscar las causas.

—Pon otro ejemplo. Podría ser el de los Reyes Magos.

—Los Reyes Magos. El tema de los juguetes. Hubo una época en que había carencias. Entonces los chicos reclamaban, incluso sufrían porque encontraban... *sus abarcas vacías, sus abarcas desiertas...,* lo que decía Miguel Hernández en una de sus poesías. Hay una ilusión infantil que hay que alimentar, y bueno, los padres deben desarrollar esa ilusión. Pero, claro, ¿qué sucede ahora en una sociedad de opulencia donde se tiene dinero? Pues se comete el error extremo de saturar al niño de todo tipo de cacharros. Y el niño no sabe por dónde empezar, si por el juguete de arriba o el de abajo... y lo coge, lo deja, lo tira... Entonces, el sentido del juguete que le sirve al niño para desarrollar su propia inteligencia, equilibrarse afectivamente de mil maneras... eso se pierde, porque no sabe disfrutar de un solo juguete; entonces, hay que tenerle en cuenta, buscarle sus gustos, etc. Que haya un respeto. Pero que sean uno, dos juguetes o como máximo tres. Eso es otro ejemplo de la permisividad. Entonces, en las familias actuales, debido a las propias carencias que los padres tienen, se reflejan en términos de permisividad. Porque ser permisivos no es ser correcto y educado, porque en toda trayectoria familiar tiene que haber un equilibrio y así se conduce a los hijos a la mesura y la armonía.

Tenemos el mismo caso en los cumpleaños. El deseo de los padres por dar todo a los hijos. La hiperprotección es un tema también muy importante, porque uno de los grandes males de nuestra sociedad es la hiperprotección. Tenemos miedo a los demás. Consideramos que la sociedad es un mundo salvaje, donde hay que defenderse de los demás. Entonces cada uno defiende su propio territorio y en esa protección están los niños, a los que se les hiperprotege, se les da.

Todo eso conlleva que el niño se haga hiperdependiente de los padres, se haga poco autónomo. Y todo eso lleva a que al niño se le permitan ciertas cosas que no son buenas para su socialización y su forma de integrarse al mundo de una manera afectiva, armoniosa. La hiperprotección es uno de los grandes males y es un tema muy importante junto a la permisividad, porque lo uno lleva a lo otro. Lo que pasa es que no se puede hablar en términos generales, porque cada caso y cada familia tiene su singularidad.

CAPÍTULO IV

PERMISIVIDAD POR TEMOR. FRUSTRACIÓN Y AGRESIÓN. EDUCACIÓN SEXUAL. TRIVIALIZACIÓN DE LA VIOLENCIA

—¿Qué te parece el temor que muchos padres tienen de sus hijos? Porque no podemos ignorar el miedo que se genera, como consecuencia derivada de las reacciones negativas, cuando no se les concede lo que ellos piden. Porque los padres que permiten crean como una adicción satisfactoria en los hijos, en cuanto sus propósitos se ven frustrados, son detonantes de ira, resentimiento y desorden. ¿Qué opinas?

—Esas situaciones serían formas patológicas ya de... —en aquel momento cerca de nosotros trabajaba un agricultor, y con su máquina cosechadora cortaba el trigo. El ruido era ensordecedor y nos impedía hablar.

—Parece que nos persigue la maquinita, ¿eh?

—Nos acaba de saludar el hombre —dijo mi hermano. Le saludamos, devolviendole su amable gesto. No me había dado cuenta. Seguimos andando. La máquina se alejaba y nosotros también. De nuevo volvió la calma y retomamos la conversación cortada por aquel incidente ruidoso.

—Entonces... cuando un padre tiene miedo a sus hijos, se ha transformado el ambiente familiar en patológico. El equilibrio se pierde. Pero este miedo es la consecuencia del desequilibrio educativo. No solamente es el miedo, sino todo lo demás, y finalmente... la ruptura de las parejas. Son mil elementos que pueden intervenir. Que un padre tenga miedo a sus hijos, es muy grave. Es de un desequilibrio abrumador. Pero, efectivamente, multitud de adolescentes son muy violentos, y bueno... la verdad es que la adolescencia se caracteriza siempre por un momento de profunda rebeldía y confrontación, como consecuencia de la propia naturaleza humana y de la educación. Como crecimiento personal, siempre ha surgido y estará ahí, como un proceso natural. En todos los hogares, en unos más y en otros menos, los hijos tienen un tiempo para la rebeldía, como autoafirmación de su personalidad. Pero, teniendo en cuenta que «a toda frustración corresponde una agresión», cuando la juventud está generalmente frustrada en sus deseos... porque, ¿qué es la permisividad, sino una satisfacción del deseo, del impulso...? Entonces es cuando los padres, en un momento determinado, no en un proceso educativo normal, sino en un período de tiempo en que al hijo le ponen límites, frustran el propio deseo del hijo. Esa frustración se transforma en violencia; porque a toda frustración le corresponde siempre una agresión. Una agresión interna hacia el individuo, o hacia fuera en forma de respuestas violentas hacia los demás. Por eso es bueno que el individuo vaya remodelando sus comportamientos en la familia. Que su personalidad vaya cambiando con el tiempo. Entonces, cuando se habla de violencia en la juventud, hay algo de verdad en la permisividad, porque se genera un ambiente de frustración, que tiene como consecuencia la agresión, la bebida, la droga, la conducción temeraria o la propia problemática del individuo. O sea, que un individuo se puede volver neurótico en caso extremo. Esto no sucede con todo el mundo, pero sí que hay un ambiente propicio. Cuando en EE.UU. suceden estos casos violentos de crímenes masivos perpetrados por niños o adolescentes, es porque en ese país hay un grado de permisividad muy alto, y se tiene acceso a las armas dando salida a esos estados de resentimiento causados normalmente por frustaciones, bien de la propia familia o de la sociedad entera. Todo ese mundo violento de la cultura americana es una amenaza para la paz individual y colectiva. La frustración generalmente se debe a fallos de la educación.

—Pero la educación en general.

—Que sí. En la educación en general, lo que pasa es que la familia puede desarrollar la función regeneradora del individuo o frustrarle mucho más.

—¿Y qué me dices de la sexualidad?

—¿Y eso? —mi hermano se sorprendía del cambio brusco de mi pregunta, pero sabía bien por qué sacaba este tema a colación, tan importante en nuestros días de libertad democrática.

—Sí. Cuando se genera este tipo de ambientes permisivos en la familia, paralelamente existe un desarrollo sexual, y sabiendo que la sexualidad es un instinto básico de impresionante poder atractivo de placer. Si la sexualidad no se educa y es arrastrada por la permisividad, también puede ser nefasto para el individuo que vive en una sociedad moralmente organizada. Para el propio individuo y para la sociedad, que tiene que soportar algo que pertenece a la intimidad de las personas. Porque si la represión sexual causa traumas, la permisividad sexual también los va a producir en el individuo cuya libertad está condicionada a unas normas sociales.

—Si a un niño se le ha consentido y no educado, fíjate bien en la diferencia: «se le ha consentido y no educado», pues habrá también una generalización de su comportamiento en otros planos. El instinto sexual puede ser educado como todo lo demás. Cuando el niño pequeño siente sensaciones en sus genitales, se los toca y se masturba... porque los niños pequeños de tres años llegan a masturbarse, incluso los niños en período de latencia, los labios... son zonas erógenas. Entonces, si tú como padre, cuando el niño o la niña se tocan sus genitales, dices: ¡No seas guarro...! y pecaminas su actitud, pues el niño está aprendiendo una conducta sexual desde el autoritarismo. Y la forma permisiva es empezar a dar información excesiva, que no viene a cuento para esa edad. Yo he visto a padres contándoles a sus hijos de tres años todo el proceso biológico, que no entendería ni un universitario. Cada momento exige cierta serie de condiciones equilibradas. Imagínate que un niño se masturba delante de todo el mundo. Como si los mea a todos, me parece que esta actitud no es normal, si consideramos normal que al propio niño no le gusta que le meen a él. Este es el equilibrio básico de la educación: «no hacer lo que no nos gusta a nosotros que nos hagan». Entonces, si la sexualidad no se educa, como se educa el control del pis y la caca en el niño, pues yo no sé, se puede masturbar incluso en la iglesia cuando vaya con sus padres. En este tipo de sociedades, del orden y el respeto a los demás, tenemos que educar en equilibrio. O si te pasas al plano de la permisividad, pensando que todo está permitido y que no importa que el niño se masturbe porque eso es natural. Pues entonces estás cometiendo un grave error también. ¿Eh? ¿Dónde está el límite?

—Sin embargo, hay tribus africanas que enseñan a los niños a ser orgásmicos.

—Pero es que cada pueblo tiene sus referencias. En esa tribu africana haces una cosa que estás haciendo aquí y que te parece normal y te cuelgan. O sea, ellos tienen otras referencias. Cada cultura tiene su forma de conducirse con los demás individuos. No estamos en África. A lo mejor, para ti, tú llegas a un africano y le tapas sus genitales, y le has ofendido porque le has tapado lo que considera un orgullo llevar al aire. ¿No? Hay tribus africanas que hacen el acto sexual con la tierra. Hacen un agujero y fecundan la tierra, y entre ellos es normal. Pero ponte tú aquí a fecundar la tierra, ya verás lo que te dicen.

—Si lo entiendo. Entonces de lo que se trata en nuestra sociedad, es de no ser ni anchos ni estrechos, sino respetuosos con la forma de ser de los demás.

—Claro. Sería horrible que la gente se masturbara en una iglesia o en el parlamento, o que el presidente se permitiera el lujo de echar una cana al aire. ¿No?

—Está claro. O sea, que no somos nada. Que cada país tiene su mentalidad y eso es fruto de normas y experiencias hilvanadas a través de la historia de los pueblos. Es experiencia y pensamiento automatizado. Muchas de ellas para su propia supervivencia.

—Hombre, claro. Figúrate que estuviera permitido matar. Poco íbamos a durar, porque el instinto asesino es mucho más poderoso que el instinto sexual. Con el odio que existe, sería terrible. Es con la ley y fíjate la cantidad de vejaciones y crímenes que se desatan todos los días. El ser humano es en extremo peligroso si no se le educa.

—Sobre todo en el ámbito afectivo. Yo creo que el único camino que existe para salvar al ser humano es el desarrollo en extremo del amor.

Fíjate lo que digo, amor en extremo. El auténtico amor no es permisivo, es profundamente respetuoso. El auténtico milagro de la humanidad es el descubrimiento del fuego del amor, como he dicho antes y no me hartaré de repetirlo siempre.

—Pues sí, sería una experiencia transmisible. De hecho la humanidad, y parece mentira, se va encaminando por esas vías emocionales del equilibrio y la armonía. Mucha gente piensa lo importante que es vivir la vida plenamente y sin sobresaltos y se aplican el cuento a ellos mismos. Y multitud de familias, aunque parezca mentira, se autoeducan en el amor y orden familiar. Sobre todo, cuando se ama, se reconocen las faltas y a la vez perdonamos. Es muy importante perdonar y ser perdonados en la dinámica del amor.

—Ciertamente, no hay nada como el equilibrio emocional —hubo momentos de silencio reflexivo y volvimos de nuevo a valorar la permisividad.

—La permisividad tiene que ver con la cultura de los pueblos. La permisividad es un asunto que en todas las naciones se regula a través de las leyes. Probablemente no tenga que ver nada con la ley de la naturaleza; precisamente es violentarla un poco para equilibrar ese otro medio que es el social. Es muy necesario. Porque si no, un individuo que no se autocontrole y se le permita cualquier cosa, te puede asesinar al no tener conciencia de nada. Cuando tú estás viendo en la televisión tanta violencia, el pecado más grave no es que vayas a hacer exactamente lo que están haciendo otros, sino que tú estás consintiendo ver algo que es innoble, entonces tú te haces permisivo. En la violencia, lo peor es ver violencia y admitirla, y si tú ves por ejemplo en la calle a alguien que roba, pues al trivializar tanta violencia, lo ves normal, porque estás acostumbrado a ver en la tele continuos robos, crímenes, guerra, violencia, odio... tan normal como andar por casa.

—Entonces, ¿la permisividad es consecuencia de la trivialización total del individuo hacia lo que él considera el camino hacia su libertad total?

—La permisividad es la transgresión de una norma social...

—Pero... trivializar todos los comportamientos es una forma terrible de permisividad.

—Claro, y por eso es necesario educar.

—Por este motivo, los medios de comunicación nos están enseñando...

—... están siendo permisivos con la violencia. Cuando traen la cultura americana, es porque existen niveles de audiencia con ansias de consumir violencia, y hacer estallar, aunque sea proyectando sobre la pantalla, los estados de odio y venganza, hacia los represores del sistema: las empresas explotadoras e instaladas y demás inhumanos. De siempre el esclavo odió a su amo, o se conformó con su situación, borrando de su memoria todo tipo de confrontación por el interés y la comodidad. Ahora pasa igual e incluso me atrevería a decir que el odio esta redoblado, por el exceso de protagonismo de la gente.

—Los medios de comunicación, al comprar esa basura, están inoculando un veneno y produciendo una epidemia.

—No te quepa la menor duda. Ellos son permisivos en extremo y si se trata de vender, el capital es ciego, no le importa servir a los extremismos con tal de sacar su tajada.

—La gente parece tonta, se dejan llevar...

—Se dejan llevar porque, como te he dicho antes, llevan la semilla de la violencia dentro de ellos, y de alguna forma tienen que hacerla estallar.

—Entonces, las democracias son permisivas.

—No son permisivas en cuanto maduran y se regulan con un entramado de leyes de control. La democracia está basada en las leyes, que a medida que se necesitan se van ampliando, para poner límite a las tendencias malignas y corruptas de los seres humanos. Transgredir las leyes es pagarlo con dinero o con la cárcel. Mira Roldán o Mario Conde, se dieron permiso para robar desde sus puestos de poder y están en la cárcel.

—No, desde luego es mejor vivir en democracia, que aguantar a un grupo de indeseables prepotentes y autoritarios, que someten a un país sólo y exclusivamente a sus ideas.

—El sistema democrático fundamentalmente es un sistema legal, que tiene que ver más con la flexibilidad que con la permisividad. La democracia a través de sus leyes regula la convivencia.

—En la familia pasa igual que en un país, puede existir un régimen autoritario o un régimen permisivo.

—Lo mejor es el equilibrio intermedio, impregnado de respeto y responsabilidad.

CAPÍTULO V

FAMILIA Y VALORES. CARENCIA DE AMOR. LA MADRE COMO FUNDAMENTO DE LA UNIÓN FAMILIAR

—En los muros del hogar está la base del éxito de cada persona, que es donde realmente se debe realizar uno. En la familia que es el núcleo principal para funcionar en todo. Tanto a nivel personal, como profesional, como... —este es mi hermano Manuel, que al oír nuestra charla no pudo por menos opinar de algo por lo que sentía mucha inquietud.

La familia, para él, era el núcleo de salvación del ser humano. Llegamos a la sombra del «pino Joselón», nombre que le pusimos a aquel hermoso árbol que nos dio su sombra.

Catalina, nuestra madre, estaba intentando dormir, pero una docena de molestas y zumbonas moscas no la dejaban en paz. Le dije a mi hermano que pusiera en marcha el coche y encendiera el aire acondicionado, y así lo hizo. Se sentaron los dos en los asientos delanteros y al instante quedaron dulcemente dormidos con el fresquito. ¡Lo que es la tecnología...! En aquellos instantes de paz, aproveché para seguir hablando con mi hermano Manuel, que estaba cómodamente relajado en una tumbona.

✳ —La familia es el lugar donde uno se realiza. Donde los valores humanos no se deben perder, para después, con fortaleza, enfrentarte a la vida. Enfrentarte con seguridad, alto el nivel de autoestima. Porque si tienes el apoyo de tu familia, te haces fuerte para luchar contra la adversidad, para superar todas las historias raras del mundo. Yo realmente donde me siento a gusto es en casa, con mamá. Ciertamente estoy muy a gusto con ella. Yo me he realizado mucho con ella. Y lo más importante para mi es mí familia, donde puedes estar confiado. Porque una familia de verdad nunca te la juega.

—¿Qué opinas de las normas que deben existir en la familia?

—¿Las normas? Pues que estén basadas en el amor, en la tolerancia... mira... —Manuel hizo un esfuerzo por recordar y sacar de dentro lo mejor de sus sentimientos— con la tolerancia, tiene que existir el diálogo; cuando hay diálogo hay comprensión. Se comprende mejor a las personas. Cuando hay comprensión y comprendes bien a cada uno, pues se le puede ayudar. Por ejemplo un hermano tiene problemas; si tú le puedes ayudar, ¿a quién mejor puedes echarle una mano? ¿No? En la familia también se debe desarrollar la compasión, que es un sentimiento sublime y de conexión hacia nuestros semejantes. Y con la compasión viene el amor. Éste te puede proyectar a unas dimensiones inalcanzables.

—Entonces las familias permisivas, en el fondo, no aman, ¿no?

—Porque hay mucho egoísmo. Las familias se destruyen porque existen en gran medida intereses materiales, más que espirituales. Cuando una familia se destruye es porque el amor deja de existir. Las crisis vienen por ausencia de amor y aumento del egoísmo. Si no se supera el egoísmo no hay ninguna posibilidad de convivencia. La comodidad es un egoísmo muy malo, porque es la ausencia de dedicación por los demás y el interés extremo por uno mismo. Otro mal es el tren de vida de gastos, cuando no se puede, porque los medios económicos no dan más de sí. Se quiere vivir por encima de las posibilidades y... hoy por ejemplo, los grandes problemas que existen y por los que se está destruyendo la familia es porque mira: en los hogares el amor materno se ha ido. ¿Por qué? Porque la madre se ha puesto a trabajar, y con esto no quiero ser machista ni nada, las circunstancias se han puesto así. Si la madre trabaja y no puede atender a sus hijos, éstos después carecen de ese amor fundamental. Los hijos necesitan del amor materno hasta una edad muy avanzada. Que lo cuide, que lo mime, que esté pendiente de ellos...

—¿Eso no es sobreprotección?

—Yo digo que es protección. El niño necesita de esos cuidados, que es amor materno. Entonces, cuando eso falta en el hogar ¿que pasa?, pues que cada hijo se hace materialista. No se le ha desarrollado su mundo afectivo y por tanto carece de muchos aspectos humanos necesarios. Su autoestima es débil para enfrentarse a las diversas situaciones que se le presenten. Además el amor está siendo reemplazado por cosas materiales para ganarnos la simpatía de nuestros hijos: te compro esto, te compro lo otro, patatín y patatán... creyendo que con este comportamiento le vas a beneficiar, supliendo así el amor. Porque fíjate, si una madre está trabajando ocho horas, es un tiempo de falta de amor. ¿Qué hace ese niño? Se pone a ver televisión, que hoy día es lo peor que pueden ver los niños. Porque es una invitación continua al consumismo. Es perder el tiempo sagrado del juego, para entregarse al consumo. No es de extrañar que cuando se hacen mayores sean materialistas-consumistas, y qué pasa, pues claro, ahí hay una lucha de cada uno de los miembros de la familia por conseguir sus objetivos. Y el objetivo es claramente material, porque no han visto otra cosa. Las familias se están destruyendo por eso. Porque la cuestión es que se vive en lo material nada más.

—Pero si falta lo material también hay un desequilibrio.

—¡Que no! En la vida hay muchas salidas, que no son puramente materiales. La vida de nuestros antepasados no fue tan materialista como es la nuestra, y sin embargo, seguro que eran más felices que nosotros. La capacidad de adaptación del ser humano es enorme, y no necesita tanto para vivir. De una forma simple y normal puede ser feliz.

—Pero la madre ya no puede estar con la pata quebrada y en casa. El amor se puede entregar trabajando y haciendo todo lo que tengas que hacer. Hay tiempo para todo, ¿no?

—Cuando se ha ido la madre del hogar, la cantidad de divorcios que han provocado estas situaciones. Lo que nunca se ha conocido en este siglo aquí en Europa, se está conociendo ahora.

Antes, cuando una mujer estaba en casa... mira, nosotros nos hemos criado con el apoyo continuo de mamá y papá, amando y luchando por su familia. Y si tenían que buscar la comida debajo de una piedra allí la buscaban. ¿Por qué? Porque mamá y papá estuvieron siempre con nosotros. Mamá sufrió mucho, pero su familia sigue unida en torno suyo ¿no? Somos los cuatro hermanos una piña con ella a sus setenta y tres años.

—Pero mamá también estuvo apartada de nosotros durante muchos años. Nuestros padres, por circunstancias económicas, emigraron a Alemania donde estuvieron veinticinco años. Nuestro padre, Laureano, se fué antes, y unos años después, Catalina se marchó con él. Teníamos los cuatro hermanos: dieciséis, catorce, doce y diez años. Ellos en Alemania y nosotros en España, internos en respectivos colegios religiosos. Siempre apoyados por el amor incluso en la distancia. Fueron años de mucho sufrimiento por la tremenda separación, pero el amor pudo con todo. Es la verdad, y Catalina, nuestra madre, una triunfadora por el corazón tan grande que tiene.

—Esto quiere decir que la madre, incluso separandose de sus hijos, sí mantiene la conexión emocional con sus hijos y de alguna forma está presente en sus vidas: por teléfono, por carta, por algún otro medio... y sobre todo sigue aportando su ayuda para la supervivencia y la educación, consigue el objetivo máximo de seguir siendo fundamental para sus hijos. Claro, que lo más importante es vivir unida a sus hijos, pero si las circunstancias no lo permiten, la madre que es de verdad, no se pierde —le dije a Manuel.

—Con mamá estuvimos hasta muy mayores todos juntos, y ya has mamado ese amor materno. Peor es para los niños que se crían en guarderías, y sólo ven a la madre por la noche cuando le da un beso en la cuna. ¿Cómo se crían esos niños? Pues ese es el problema que hay actualmente, los hijos cuando se hacen adolescentes, se dan por el alcohol, las drogas... de todo. Ese es el panorama desolador que se ve ahora en una inmensa cantidad de jóvenes. La madre o el padre le da dinero para comer en una hamburguesería. Toma, para quitárselo de encima. ¿Qué ambiente de hogar existe? Pues ninguno, porque cada uno va a lo suyo. Estos niños «son chavales de la calle». ¿Y qué hacen los niños de la calle? Pues lo que ven a todos los demás: que si las litronas, los porritos... y así.

—Pero las guarderías están muy preparadas para educar a los niños, y la mayoría de las madres están muy atentas a las necesidades de sus hijos.

—Pero no es igual a los cuidados de una madre. Una madre es imprescindible, hasta cierta edad. El amor de una madre es como la buena leche materna, y el contacto con la carne y el calor materno no se pueden reemplazar por nada. Estoy seguro. Ni guardería ni nada. La madre es la clave fundamental en la primera infancia, hasta por lo menos seis o siete años. Una madre es el seguro de vida afectiva de los hijos. Es su futuro, para que este ser sea fuerte y bueno. El padre también, pero la madre es fundamental.

—La madre puede estar trabajando ocho horas en su trabajo, y después, el resto del tiempo, entregada a sus hijos enteramente. Porque hay madres que están en el hogar las veinticuatro horas del día y dan más atención a todos los quehaceres de la casa que a sus hijos. ¿Qué me dices de esto?

—Pues esas madres nunca tendrían que haber sido madres. Porque hay *madres* y «madres». Yo te hablo de un hogar donde se ama a los hijos y se sabe apreciar lo que significan éstos y la relación afectiva. Hay muchos tipos de madres. Yo te hablo de un hogar normal.

—Un hogar normal, ¿qué significado tiene para ti?

—Cuando digo «hogar normal» me refiero a un hogar habitado por una familia con vocación, donde la mujer sabe que su papel de madre es lo más importante de su vida. Las mujeres que no tienen vocación de madre son perjudiciales para sus hijos, pues a largo plazo transmiten a éstos su desgana en sus malos modales. Y lo peor de todo es el egoísmo y los resentimientos hacia el hijo considerado como un estorbo. Esas madres son permisivas desde el mismo instante de nacer el hijo, ¿y por qué?, porque están deseando quitarse de encima el desagradable peso que supone para ellas la carga de los hijos. ¡Anda que no hay mujeres así! Por desgracia hay muchas, y de ahí lo único que salen son monstruitos.

—Pero se dan casos de mujeres que no sabían lo que era tener un hijo, y después con el tiempo recuperan toda su vocación y se entregan como auténticas madres de verdad.

—No dudo que haya muchísimos casos, que después aprenden a ser madres. Yo lo que quiero decir es que, antes o después, para tener hijos y formar ese núcleo, madre e hijo o familia, se necesita tener vocación. Yo pienso, y estoy seguro, que la humanidad cambiaría si todos los seres humanos tuviéramos auténticas madres de verdad, porque el amor de madre es esencia de vida afectiva para los hijos. En estas madres no existe la permisividad, porque los hijos se crían en el respeto. Una madre que respeta al hijo crea el mismo ambiente de respeto en éste. Yo creo que todos los seres que existen en el mundo vienen a evolucionar y nosotros los seres humanos también. Los seres humanos debemos saber que venimos al mundo a perfeccionarnos, porque tenemos capacidad de aprender. La familia a lo largo de la historia ha evolucionado y tiene que seguir así, porque es el lugar donde los seres humanos se humanizan. Fíjate lo importante que es la familia. Es el lugar donde, después del desgaste inhumano, se rehabilitan continuamente la alegría y la espontaneidad. ¡Es ciertamente increíble! La familia es la base del auténtico amor.

—¿Todo el mundo tiene capacidad para enamorarse?

—Todo el mundo está capacitado para amar y para enamorarse, lo que pasa es que interfieren muchos aspectos de la vida, que impiden el desarrollo de esa capacidad y nos hacemos cómodos y egoístas. Entonces, la clave de la familia es la madre, y cuando ella está en el hogar, éste funciona bien. Siempre que sea la madre de auténtica vocación. Y está demostrado, y lo estamos viendo, que en el hogar, cuando falta la auténtica madre amante de sus hijos, este hogar se viene abajo. Entonces, repito, la clave para que funcione un hogar es la madre. Cuando un niño aprende del amor de su madre, que es tan especial, se fortalece su autoestima y esta es una fuerza esencial para superar todos los obstáculos. En mi caso y en el tuyo, también, nosotros no hemos cometido imprudencias por el amor que le tenemos a mamá. Yo no soy una persona especial, me considero un ser normal. ¿Y tú?

—Yo también me considero así y estoy de acuerdo contigo. Pero con todo el amor que nos ha dado, ¿tú crees que mamá no ha sido una persona que nos ha sobreprotegido y en muchas ocasiones permitido hacer lo que nos dio la gana?

—Mamá nos ha querido y siempre tuvo carácter para conducirnos con la responsabilidad natural de su amor. Mamá es una mujer normal con sus defectos. Ella nos ha permitido, nos ha sobreprotegido... normal, pero con una virtud muy grande que es el auténtico amor de madre. Ella también ha sabido imponerse cuando las circunstancias lo requerían. Pero fue siempre una mujer tolerante, una mujer enamorada de todos sus hijos y por esto nos sigue dando todo. Entonces, en función de lo que hemos aprendido de ella, valorándolo como lo valoramos, pues somos los mejores discípulos que aprenden. ¿Qué hacemos nosotros? Pues amar, aunque seamos unos puñeteros egoístas. Pero bueno, es lo normal, es como esculpir una estatua de una mole de mármol sin forma. Mamá y papá fueron los escultores que nos humanizaron. Fíjate lo importante que ha sido para nosotros tener unos padres con vocación.

Mamá ahora todo lo sufre y todo lo soporta. Catalina es amor y no cabe duda que de ese amor se han creado todas las demás virtudes que tiene. Ella, desde muy pequeña, desarrolló un amor muy grande por los demás. Es un alma que sabe apreciar la belleza del interior. Ella fue un ser que no se dejó llevar por el consumismo, permaneció fiel a sus valores y tuvimos la gran suerte de tenerla y ser nuestra madre. Ahora las madres modernas, no todas desde luego, por suerte, se difuminan en el materialismo y en un protagonismo personal excesivamente egoísta. Estas madres, o mejor estos padres, están robotizados, programados por la sociedad de consumo que nos absorbe, el cien por cien, si no sabemos controlarlo. Bueno, vamos a poner el noventa y nueve por ciento, nos absorbe esta sociedad tan materialista. Y como consecuencia no valoramos lo que tenemos; de esta forma nuestra máxima aspiración es tener y nos olvidamos de la base principal, que son los sentimientos. Esta es la prueba de cómo va el mundo. El deterioro del ser humano es debido al olvido de lo fundamental. La deshumanización terrible viene por la falta de amor, y si no comprendemos esto, es porque somos idiotas. Lo fácil que es y lo difícil que lo hacemos. Si no hay amor se fastidió —así terminó mi hermano Manuel su intervención en este libro, enfadado por el poco sentido común del ser humano, esclavo de sus propios inventos personales y de un sistema, cuyos resultados son claramente desfavorables para la inmensa mayoría que todavía depende del artificio económico que manejan los imperios capitalistas, una minoría instalada en el desierto cruel e insensible de la deshumanización que encarece todo, para hacer más difícil nuestra vida.

Este desencanto cala en cada uno de los seres humanos cada vez más y produce a la vez de miserias otros seres que sueñan con una vida fácil, feliz y sin complicaciones. O por el contrario hace polvo la ilusión de tener hijos, porque cada hijo sale por un ojo de la cara.

Ahora los hijos se planifican con la calculadora en la mano, pues para la mayoría los hijos ya no vienen con un pan debajo del brazo. Antes no importaban las necesidades y se seguían a rajatabla las normas ancestrales de traer todos los hijos que Dios quisiera. Pero ahora sólo se cree en el dinero y en las comodidades, y que los hijos vivan lo mejor posible. Parece razonable, pero esta mentalidad, si la analizamos profundamente, está llena de inconvenientes. Ser padres tiene sus complicaciones y por eso muchas mujeres y hombres no se complican la vida y van a la conquista de su calidad de vida personal.

La naturaleza y los seres humanos, da la impresión que caminan hacia la extinción. Muchas mujeres que quieren tener hijos no pueden, y otras se niegan a procrear porque la sociedad no da ninguna facilidad.

Dicen que el envejecimiento de la población ocasionará daños apocalípticos en la base de la sociedad del bienestar. ¿Qué pasará? ¿La humanidad se irá reduciendo a la nada por nuestra propia causa? Algo pasará, pero este tema se puede tratar en otro libro.

CAPÍTULO VI

LA VIVA VOZ DE UNA AUTÉNTICA MADRE DE «LA CERTERA EDAD». AUTORITARISMO Y PERMISIVIDAD EN ÉPOCAS PASADAS

La madre, tan alabada y tratada hasta ahora en las páginas de este libro, tiene voz propia en mi madre. Ella habla de un pasado infeliz, autoritario y machista, en contraste con la permisividad de estos tiempos. Pero supo asumirlo y en sus recuerdos no todo es dramatismo e infelicidad, porque como mujer de corazón que es, guarda su riqueza ahí mismo: el tesoro que heredó de una familia de sentimientos nobles. Es bueno escuchar sus opiniones para saber lo negativo de los extremismos de una u otra índole.

—¿El tiempo pasado fue peor?

—Tanto lo más como lo menos, porque aquello era...

—Ahora los chavales viven en libertad total...

—Viven la vida.

—¿Viven la vida?

—Pero no tan libre, ¿no? Cuando falta el respeto, malo.

—Desde luego, pero tu caso en particular, tu vida, fue sometida por el autoritarismo.

—Bueno, no es que fuera mi caso, era así en todos los sitios.

—Y además ser mujer empeoraba las cosas.

—Aquello fue como un mal sueño. ¡Qué mentalidad más absurda! Me acuerdo que las mujeres teníamos que ir tapadas hasta los pies y siempre obligadas a hacer lo que nos correspondía como mujeres. Si aquella gente levantara la cabeza y viera lo que está pasando ahora en muchos hogares. ¡Madre mía! Eso era...

—¿Y de niña?

—íbamos al colegio. Mi padre lo que hacía todas las mañanas era mirarnos las orejas, el cuello para que tanto mis hermanos y hermanas como yo fuésemos limpitos. Eso era normal. Si alguno no se había lavado bien, pues ¡hala, a lavarse!; mi padre le mandaba otra vez al aseo. Je, je, je... —Catalina se ríe recordando aquellos momentos como algo divertido. Traía el pasado a su mente, como si en aquel momento estuviera con sus hermanos pequeños—.

Lo peor es que todo era pecado. Todo. Una barbaridad. Nos tenían atemorizados con el dichoso pecado. Ya ves tú. Cuando tu padre y yo éramos novios, mi abuelo y mi padre estaban pendientes de nosotros. Nos perseguían a todas partes vigilándonos. Cuando íbamos al cine, mi padre se ponía en la última fila. Y luego, en casa, comentábamos la película. Si hablábamos en la puerta, bueno... todos pendientes. No teníamos libertad para besarnos a gusto... Era todo muy... demasiado estricto, de una moral que daba miedo. ¡Igual que ahora! Porque antiguamente los novios se ponían a hablar dentro de la puerta de casa y bien vigilados. Además, cuando íbamos al baile, al cine, siempre nos tenía que acompañar alguien, solos no nos dejaban. A mí me daba una rabia... Con esto te digo bastante. Eso era vivir con miedo. Y luego, te amenazaban continuamente, porque como mujer tenías que saber todo lo de la casa a la perfección. Ya desde muy chica te enseñaban a barrer, fregar, coser, zurcir, planchar, bordar, blanquear... todo. Ese era el oficio: la mujer, por el hecho de serlo, «a sus labores...» Yo lo pienso ahora y me parece mentira. Porque por el hecho de ser mujer, tenías que dedicarte a quitar mierda. Y era así y ya está.

—Y tus hermanos, ¿qué aprendían?

—De las cosas de la casa nada, porque si no, se sentían unos mariquitas. ¡Tú fíjate!

—Es verdad este sentimiento porque lo he experimentado. Incluso ya de mayor cuando me ponía a fregar, barrer, coser un botón... me sentía mal, como haciendo algo que no era de mi sexo. Con esto me doy cuenta lo profundamente que estaba arraigada la herencia machista, y lo difícil que es erradicarla de nuestras vidas. Porque aquel sentimiento era hereditario y por lo que oía y veía me sentía condicionado. Todo estaba en la mentalidad de aquella época. Tienes razón cuando dices que era así. Irremediablemente es así cuando la mentalidad de una sociedad hace la realidad.

— Sí, y todavía los hombres mayores son así. En mi casa los chicos no hacían nada y mis hermanas tampoco, yo era la única que tenía que apechugar incluso con el bar de mi padre. Así, pues, ¿qué voy a ser yo? Pues eso... una burra de carga. Como era muy voluntariosa, y no me costaba hacer las cosas, pues siempre me tenían como la cenicienta: «Vete a casa de tu tía.» Salía de la casa de mi tía y me decían: «Anda, échale una mano a tu hermana.» Mi hermana se acababa de casar. A los diez años me sacaron de la escuela. Después, que si la huerta, que si ayudar en un sitio u otro... estaba siempre obligada. Pero es que no era yo sola, era así para la mayoría de las chicas humildes. Menos las niñas «litris», o sea, las niñas de papá y mamá, que iban presumiendo de ser diferentes a todas las demás pobrecillas. Encima eso, tener que aguantar el menosprecio de las cabras locas que nos consideraban como algo despreciable. Eso era como el principio de la permisividad de ahora; niñas consentidas por su posición social. Y no veas tú cómo las imitaban las que no tenían dos dedos de frente. Éstas se dejaban influenciar por el ambiente clasista por envidia.

—Las ricachonas eran más libres, ¿no?

—Cuando destinaron en Zafra a la legión, durante la guerra, lo que es ahora el parador, el castillo de Zafra, lo convirtieron en hospital. Pues la niñas ricachonas se metían a enfermeras para ligar con los militares. Me acuerdo de una muchacha guapísima, le llamaban «La Greta», porque se parecía mucho a la actriz de cine. Pues esta chica se hizo novia de un teniente y se iba a casar. Luego la Blanquita Gómez, otra señoritinga. Pero luego las demás... ¡Bah!, que no merece la pena recordarlo, las demás eramos burros de carga. Viendo la vida que tiene hoy la juventud... Tanto lo más como lo menos. Ni aquello ni esto. Por lo menos la educación es lo primero, ¿no? Porque hoy no hay respeto ni nada. Entonces si levantabas un dedo o contestabas mal, se te caía el pelo. Yo reñía mucho con mi hermano mayor, y luego no podíamos pasar el uno sin el otro. Él trababa la vista y yo era delgadina. Él me decía «lombriz seca» y si estaba delante mi padre pues empezaba a silbar diciéndome de esa forma «lombriz seca». Y yo un día que ya no podía más, cogí la paleta del brasero y se la tiré a la cabeza. No le llegué a dar pero, por hacer eso... ¡Madre mía, qué miedo!

—Pero miedo por qué, os castigaba, os pegaba o...

—No. Porque le teníamos un respeto algo exagerado. Porque mi padre de darnos paliza y eso, no. Pero sí que te ponía el cinturón a la vista para que recordaras que si hacías algo mal, allí estaba la ley del cinturonazo. Muchos educaban así, a base de golpes, cogían a los niños y les ponían el culo o la espalda llena de cinturonazos y los ponían más derechos que una vela. A tu padre le ataban en las encinas cuando se portaba mal o le colgaban en el pesebre de los mulos durante todo el día. ¿Eso era educar? Eso eran animaladas, ¿no?, que tenían a los niños más derechos que una vela. A mí no me hicieron tantas judiquerías, pero era pánico lo que yo tenía.

—¿Pánico del abuelo?

—Del abuelo... la abuela se chivaba de cualquier cosa... de esto, de lo otro... Y tu padre y yo llevábamos el mismo camino con vosotros. Hasta que nos dimos cuenta. Después tu padre cuando se fue a Alemania cambió por completo su actitud. Se dio cuenta de otra forma de educar sin violencia. Pero ya te digo, nosotros llevábamos el mismo camino con vosotros. No os dejábamos ni respirar. ¿Te acuerdas cuando papá dejó encargados al cura y al maestro como responsables de su autoridad? Ellos eran los que os castigaban cuando yo les decía algo. Un día por no querer ir a casa de la señora María, a por la leche, se lo dije a don Francisco, el maestro, y os tuvo de rodillas toda la mañana en la escuela. Ya te digo, ellos eran los defensores míos: el cura y el maestro. Ni una cosa ni la otra. Una cosa es el respeto y otra el pánico. Y como te he dicho, tu padre y yo llevábamos el mismo camino.

—Es que nosotros también eramos de cuidado, ¿no?

—En comparación con lo que hay ahora, erais unos santos.

No, ni mucho menos. Lo que pasaba es que seguimos con el mismo método en la forma de educar, íbamos cayendo poco a poco en la misma postura de inflexibilidad de siempre, en lo que a nosotros nos criaron. Ahora, recordando aquel día famoso de la leche, por decir: «Yo no voy a por la leche, que le toca al otro», ¿eso es un delito? ¡Ea!, pues por eso solamente había un castigo. Cuando os pusisteis a jugar con un tractor y por accidente se chocó contra la pared. Je, je, je... pues tampoco yo lo veo un crimen para castigaros como lo hicimos. Delito lo de ahora, que se juntan las pandillas y se emborrachan y no saben lo que hacen. Que si la cocaína, la heroína, las pastillas para alucinar... eso sí que es delito, porque se vuelven peligrosos. Pero por aquel entonces, prontito... La permisividad de ahora es una burrada como fue el autoritarismo en mi tiempo. Todo me resultaba muy raro en aquella época. Ya te digo, cuando recuerdo aquellos tiempos, no puedo creer lo que viví. Así era la vida de antes. Todo pecado. Pensándolo bien, era traumatizante.

—Antes traumatizante y ahora también.

—Ahora yo no sé dónde vamos a llegar, porque la falta de respeto que hay no es nada bueno. El otro día al vecino de abajo, que tiene a su mujer enferma de cáncer, le oí a las cuatro de la mañana discutir con su hijo porque volvía tarde. Discutía con él: «¡Estoy aquí sin acostarme ni nada esperandote. Yo no puedo vivir así, o te adaptas a unas normas o tú verás lo que pasa. Porque ya está bien el desinterés que tienes por tu madre y por mí. ¡Nunca más vuelvas a llegar a estas horas ¿entiendes?», decía el padre, y el hijo le contestaba: «Si papá, es que a esas horas es cuando empezamos a divertirnos. Los conciertos empiezan tarde. Es que está así», decía el muchacho, y le respondía el padre: «Pues si es así que se te vaya quitando de la cabeza salir por la noche. ¿No pretenderás que tu madre se ponga más enferma y yo reviente por tu culpa?» La tuvieron buena, pero yo a ese muchacho le oía muy obediente. Con las cosas que están pasando, ¿tú vives? Pues no vives. Ahora hay una preocupación increíble. Ellos, mientras se están divirtiendo, se olvidan de todo. Y es que es así. Hay otros que te dicen que por qué tienen que llegar temprano o tener que estar llamando. Que no pasa nada. Que se despreocupen totalmente de ellos. Y muchos padres, ¿qué te crees que hacen? Pues pasar, porque no pueden con ellos. O los matan, y antes de llegar a eso les dan toda la libertad. Muchas veces, no te vayas a creer, por miedo. Y es que es así. Antes prontito pasaba esto. Yo me acuerdo con dieciséis o diecisiete años que para ir a una de esas giras que hacía la familia para ir al campo, por la noche tenía que quedarme hasta las tantas para terminar todas las tareas del bar y de la casa. Y no dormía, y por la mañana de esa forma me iba con la familia. Claro que de cansada que estaba muchas veces me dormía. Por esas fechas tenía dieciséis o diecisiete años.

—Pero así de trabajadora y responsable eras tú, no los demás.

—No, es que yo sabía que tenía que hacerlo, porque si yo no lo hacía, no lo hacía nadie. No es que me obligaran, ya parece ser que me había acostumbrado. Nosotros tuvimos en casa a mi tía, una hermanastra de mi madre, que estuvo allí ayudando a la abuela. Ella era muy laboriosa y yo aprendía de ella. Me enseñaba. Muchas veces me mandaba a comprar a las tiendas, y yo llevaba las cajas a casa para verlos. Iba cargada de calcetines, camisetas, camisas... Las camisas no, miento, porque todas esas cosas se hacían. Las telas. Entonces se compraba tela y las camisas se hacían en casa. Todo eso lo veía la abuela y lo que le interesaba lo cogía. Otras veces iba a la huerta. No paraba: que si la casa, el bar, la huerta, coser, planchar, ir a los recados... un trajín que madre mía. Yo lo pienso ahora, y es que no me daba cuenta. No me daba cuenta porque era como ley de vida, yo pensaba que había nacido para eso, que tenía que hacerlo y ya está. No me hacía preguntas de ningún tipo, como ley de vida.

—Pero ninguno de tus hermanos colaboraban. ¿Tú sola hacías todas las cosas?

—Mis hermanos hacer algo... Nada. No ves que eso para ellos era, como se dice ahora, «una mariconada». Prontito. Y mis hermanas pues tampoco las veía yo muy diligentes. Me acuerdo de las matanzas, con la edad que yo tenía, no es que me mandaran, sino que estaba deseando ir a casa de mi abuela. Reunirme con gente tan buena que me enseñaba tantas cosas. Mi tía Sofía era un encanto. Y yo a qué iba... ¿a jugar?, no, a pelar ajos, cebollas, a picar la carne, cortar las tripas para hacer los chorizos y las morcillas.

—Disfrutabas.

—Claro que disfrutaba. Era una familia tan alegre y sana... Contaban chistes y cosas de esas que te reías y que había antes. Y luego a soplar tripas, ¿sabes?, unos mazos de tripas que se nos ponían los belfos hinchados de tanto soplar. A mí me gustaba mucho ponerme en la maquinilla de picar la carne o poner las tripas para llenarlas de carne ya condimentada para los chorizos o los salchichones. En las matanzas se invitaba a la gente amiga y montábamos unos banquetes... Se cantaba, cada uno hacía lo suyo y todos se divertían.

Todo eso lo aprendí como si estuviera jugando, pues así para mí, el trabajo era una diversión. Salía de mí ¿no? Lo hacía, trabajaba, me gustaba... y cuando me iba a la huerta, a mí me encantaba. Cogía hortalizas... muchas veces llegaba tarde y les decía que Cándido, un empleado que tenía abuelo, me había tenido que coger las lechugas, las patatas, las cebollas... Yo iba con mí cesta, esas cestas de varillas de olivo. Las hacía mí padre y las utilizábamos para la compra. Y a mí todo eso me gustaba. La limpieza del bar es lo que llevaba peor, pero no tenía más remedio que hacerlo.

—Pero, ¿tú eras la única que fregaba el bar?

—La única. Desde muy pequeñita, cuando iba al colegio. Pero tela marinera, porque ahora coges la fregona y es muy cómodo, pero antes tenías que fregar de rodillas con un trapo que se llamaba jerga. Y otra cosa, el agua la acarreábamos de una bomba que había enfrente de casa. Yo me ponía con la bomba... tras-tras, tras-tras, tras-tras... je, je, je. Llenaba los cántaros a las abuelillas que veía que no podían sacar el agua. Pues allí me tiraba dandole a la palanca de la bomba un buen rato. ¿Tú te acuerdas como era la bomba?

—Claro, no voy a acordarme. A mí me encantaba sacar agua de allí.

—¡Madre mía! Ahora lo pienso y me parece mentira haber vivido así —hablamos un buen rato; ella disfrutaba recordando los buenos momentos, supliendo así todos los sufrimientos que había pasado. En la actualidad, a sus setenta y tres años sigue igual. No para ni un momento, desde que se levanta a las seis o las siete de la mañana. Catalina es puro amor por su familia. Una mujer y madre en acción desinteresada. Con su ejemplo todos hemos aprendido una lección muy importante, y es que la vida merece la pena vivirla, cuando se sabe disfrutar de los demás.

CAPÍTULO VII

LA CAPACIDAD DE ENTENDIMIENTO DE LOS NIÑOS Y SU SABIDURÍA. ¿CASTIGOS O ENTRENAMIENTO?

Hoy, día 26 de agosto, fui a la casa de unos amigos. El motivo principal de mi visita fue conocer a su hijo recién nacido, Jaime. José Ignacio y Alicia son de esas sorpresas que te da la vida, nacidas de la gratitud y la espontaneidad. Cuando no se cree en nada: ni en el amor, ni en la amistad,.. sólo en la obsesión de ganar dinero, es una grata sorpresa sentir, que «no sólo de dinero viven el hombre y la mujer», sino también de afecto y generosidad, y que son a la larga, los valores más importante de la vida. ¿Por qué? Pues porque es la única manera de consolidar un entramado sano y solidario, para que el ser humano esté interrelacionado sabiamente, en todo aquello que le sirve para seguir evolucionando hacia ese destino misterioso y no hacia su propia destrucción.

Cuando estamos en esa dimensión torturante de vacío existencial y materialismo puro, la vida te da sorpresas tan agradables como el regalo de la verdadera amistad. Sólo hay que saber verlo con los ojos de la emoción, que te enseña aspectos muchísimo más bellos e importantes por los que merece la pena vivir y sin esa obsesión torturante de aprovechar el tiempo para sacar beneficios materiales. Te brinda la oportunidad de conocer la transparencia, la espontaneidad, la amistad, el amor... Y te hace partícipe del privilegio de estar presente en la familia y conocer de cerca los frutos del auténtico amor, privilegio que me han otorgado Alicia y José Ignacio.

Todo es normal, cuando vemos que las plantas nacen con total espontaneidad. Todo es normal cuando existe el amor y la armonía. Todo es normal cuando día a día se manifiesta lo que existe de sorprendente y milagroso, pero de tan normal como lo vemos, somos incapaces de apreciar lo extraordinario de este proceso. Un niño que nace a la vida no es nada extraño, ¡nacen tantos...! Patricia, nacida hace dos años y medio, y Jaime, con semanas, no son una excepción extraordinaria de la simplicidad de la vida. Todo es normal cuando funciona correctamente, y ese funcionamiento, si se siente como algo de extraordinario valor, es lo que nos lleva a pensar que la vida no es tan normal. Se ha necesitado de esa chispa mágica o milagrosa que es la vida, y millones de años, para llegar a ser algo tan normal como es la existencia. Percibir lo extraordinario de la simplicidad de la armonía es saber apreciar el profundo misterio de la existencia.

La amistad de José Ignacio y Alicia es un regalo para mí extraordinario. Desde muy pequeño empecé a dudar de la existencia de la amistad. No sé por qué no creía que existiera esta relación afectiva entre los seres humanos, el caso es que permanecí a lo largo de la vida con ese sentimiento separativo entre mis semejantes. Ellos me causaron dolor profundo y ese sufrir me apartó de la confianza necesaria para cultivar la amistad gratificante. Me alejé demasiado de la realidad para creer que ciertamente podía existir auténtica amistad. Con el tiempo comprobé que existe, y que yo era el primer obstáculo que evitaba que los seres humanos, buenos amigos, llegaran a mis sentimientos. Evitaba que se acercaran por muchos motivos entre ellos la incredulidad y las frustraciones. ¡Cuánto tiempo pasé así! Y al comprender que nuestros universos personales se pueden fundir en campos de conocimiento, pude ver que somos mundos a explorar; con sentimientos que son los que producen el acercamiento respetuoso y la intención de aprender los unos de los otros, para la superación solidaria de ese ser que llevamos dentro, y que necesariamente necesita crecer. Que la amistad es posible cuando la chispa del sentimiento brota y da lugar al entendimiento y la reflexión compartida. Porque la amistad no es un campo de batalla, sino un campo de encuentro mutuo donde nos invitamos los unos a los otros a comunicar ese extraordinario proceso mental; a observarlo y respetarlo, comprendiendo que muchas veces es imposible entender por qué las personas somos así: ¿por qué somos tristes o alegres?; ¿por qué pensamos de una forma u otra? Porque cada ser humano es un mundo como un recipiente cerrado que ni él mismo sabe qué contiene. Es ese uno de los motivos por los que es imposible llegar al fondo de cada experiencia humana. Ciertamente, entender lo que somos nosotros mismos y nuestros semejantes, necesita capacidad sensible, y sólo emancipándonos a la manera de ver las cosas de forma normal, logramos ampliar la conciencia para percibir mucho más.

Llegué a casa de mis amigos y Alicia daba de mamar a su pequeño Jaime en la intimidad. José Ignacio me recibió como siempre, con la alegría de ver a su amigo, y yo, más convencido de su amistad, penetraba con toda confianza en el silencio de aquel mundo familiar donde me sentía incluido. Era como penetrar una frágil célula de la existencia para encontrarme con aquellos seres que vivían su propia independencia. Me sentía bien, y en ese estado de confianza, José Ignacio me ofreció compartir a medias una cerveza y un aperitivo de frutos secos al estilo chino. Mientras, hablábamos de algunas experiencias vividas durante el transcurso de los últimos día de embarazo y parto de Alicia. A los pocos minutos apareció Alicia con su hijo en brazos. Nos saludamos y me ofreció su tierna criatura. Con mucho cuidado cogí al pequeño Jaime y valoré la importancia de su existencia. Nacido a finales de milenio, se disponía a vivir un nuevo período de expectativas múltiples. Tenerle en los brazos me transportaba al pasado, cuando mis hijos recién nacidos eran así. Ahora podía apreciar con mayor riqueza el significado de un recién nacido. Aquel pequeño cuerpo con el tiempo crecería como los árboles, como las flores, como otro ser vivo. Sentía mucho respeto por lo que era y por lo que podía llegar a ser.

Sentí no más de lo que podía sentir y me asombré de que yo, un simple humano, pudiera pensar como lo hacía, con conciencia para admirar el verdadero milagro que surge día a día, con tantas formas y colores, y que es la vida misma. Pero me impresionaba, cada vez más, la vida humana. Después de hacerme una foto con el pequeño Jaime, Alicia me lo cogió y con mucho cuidado le depositó en su cochecito. Jaime abría los ojos y esbozaba sonrisitas de satisfacción; después se durmió.

Nosotros, seguidamente, nos fuimos a la cocina a comer, y después hablamos en la terraza, reconduciendo la conversación hacia el tema de la permisividad.

—Yo creo que uno de los asuntos más importantes es que el niño sepa en todo momento que juega con las mismas reglas, es decir, que lo que está prohibido hoy, está prohibido mañana y pasado mañana. Y no porque el padre o la madre se sientan bien, o estén muy contentos, pues hoy le permites hacer que haga una cosa que mañana, estando normal, no se lo vas a permitir; hay que mantener una cierta... —José Ignacio se detuvo porque no encontraba la palabra adecuada, y preguntó a Alicia—: ¿Tú cómo lo llamarías, Ali?

—Coherencia —rápidamente pronunció la palabra como si todo lo que decía José Ignacio saliera de ella misma.

—Coherencia. Hay que mantener una cierta coherencia. Pero es muy difícil, porque llegas cansado, o llegas cabreado y entonces ese día eres menos permisivo que otros días. Entonces eso de alguna manera le tiene que crear confusión al niño.

—Te advierto —dijo Alicia— que hay cosas en las que hay que ser especialmente férreos, ¿no?, con la permisividad. O sea, con el fuego de la cocina, los enchufes... te hacen pegar un grito por el peligro que entrañan para los niños pequeños.

—Son las cosas que atentan contra la salud —respondió José Ignacio.

—Ahora, con el capricho del quesito, del chocolate, de los caramelos... después de cenar, o cosas así, te puedes hacer el loco un día, pero tienes que ser muy consciente de que se lo das un día y te lo pide el día siguiente y eso no puede ser así. Cualquier día te pillan más flojo, lo que dice Joselín, y se lo das. A mí no me pasa, a él sí.

—Ja, ja, ja... —se reía José Ignacio al ser descubierto en ese detalle. Su voz respondiendo se hizo apenas audible, como si temiera se descubriese algo que guardaba en su intimidad personal—. El débil soy yo, como siempre... —dijo, hizo una pausa y una reflexión rápida y conectó de nuevo con el hilo de la conversación que estábamos manteniendo. Ahora su voz se hacía oír clara y potente—. Pero claro, también está cómo compara el niño la permisividad en los padres de sus propios compañeros. Porque si los padres de Jesús, un amigo nuestro, le permiten a su hijo el chocolate después de cenar o el «colacao» o lo que sea y lo ven como algo normal, pues también eso trae conflicto, ¿no?

—No, ahí tiene que quedar claro que en casa de Jesús hay chocolate después de comer, y en casa de mamá no hay chocolate después de comer, pues...

Alicia respondía con carácter y cierta vehemencia. Su tono de voz era fuerte, apoyado en sus convicciones. Yo trataba de empatizar y veía en sus razonamientos lógicos una clara consecuencia conflictiva. Me salió así.

—Pues, claramente, a tu hija se le crea conflicto.

—¡No te creas! —dijo Alicia poderosamente convencida—, los niños entienden mucho más fácilmente estas cosas que nosotros. Parece ser que con mi padre podía ir en el asiento de delante en brazos. Pero sabe que cuando va sola con José Ignacio no. Y no hay conflicto alguno. No cabe duda que los niños a lo largo de toda su infancia asimilan muy bien gran parte de todo lo que les dicen sus padres. En la mayoría de los casos los niños no entienden el porqué de esas prohibiciones, pero acatan la opinión, el consejo o la imposición de los padres. Ellos intuyen sabiamente que cuando sus padres les dicen que no hagan esto o aquello es por algo, los niños ven en los padres una prolongación superior de su personalidad y aplican la lógica de la experiencia de los años instintivamente. Es sorprendente. Pero esto pasa solamente en la infancia; después, en la primera etapa de la adolescencia, rompen, y claramente se conducirán por cuanto de experiencia les hayamos transmitido. Los niños son muy listos y asimilan todo, tanto lo bueno como lo malo.

—Yo le decía a Patricia cuando subía al coche con su abuelo: «Vas a subir delante con Lalo, pero esto es una excepción ¿vale?», y me decía: «Vale.» No sé si lo entendía o no, pero se lo avisaba como una excepción. Y el abuelo apuntalaba: «La excepción que confirma la regla.» —dijo Jose Ignacio.

Nos hizo gracia la forma de contarlo y reímos la anécdota. Toda esta forma de educar, crea la conciencia del límite en el niño, para hacerle comprender que vive en un mundo donde es necesario entender el límite de su libertad, por su propio bien y el de los demás. Que vivir en un tipo de sociedad como la nuestra, impone unos condicionamientos, y la vida en familia hay que vivirla ya desde la infancia, desarrollando valores que armonicen en el equilibrio y el justo comportamiento con las demás personas.

Los seres humanos no tenemos más remedio que reconocer la evidencia de las causas que motivaron la evolución de la humanidad hasta nuestros días. Las reglas fue necesario constituirlas desde la noche de los tiempos, para crear estilos de vida que posibilitaran el proceso de evolución, pues de otra forma hubiese sido imposible. De aquí todos los valores que hacen la convivencia sana y pacífica. Desde luego hay otras formas de vivir que no confirman esta regla, y se sirven de las normas para destruir la libertad, pero este es otro tema, para tratarlo en otro libro que podríamos titular: «El mundo es de los más egoístamente espabilados.»

—La educación es la base para crear la personalidad del futuro adulto —dije.

—En cualquier caso —respondió José Ignacio—, hay que marcar límites aun sabiendo que mañana, o en el futuro, serán otros y que esos límites son convencionales, o sea, inventados por los padres; aun así hay que marcar unos límites para que el niño no se vea perdido.

—Referencias.

—¿Sabes lo que me decía el otro día Patricia que fue muy curioso? Estaba jugando aquí con nosotros y de repente, en un despiste, tenía un vaso de plástico, se fue al baño, lo llenó de agua y lo trajo por todo el parqué, dejando los correspondientes regueros de agua. Una niña de dos años con un vaso lleno de agua hasta arriba, pues tú figúrate, cómo lo puso todo. Pero venía toda ilusionada porque había llenado ella sola el vaso. Entonces yo vi el desaguisado por el pasillo y le dije: «Ten cuidado que el suelo no se puede manchar, que no sé qué... y tal... ¡qué desastre...! Venga vamos a limpiarlo... Porque hay que tener mucho cuidado... porque el agua... porque no se puede jugar en la cocina y en la terraza, porque no se puede tal, tal y tal...» Y ya después de haberlo recogido todo, me dice: «*Me castigas*?» —hicimos un silencio todos y reímos un instante la salida de Patricia comentada por Alicia—. Dije: «¡No!, porque no lo has hecho adrede.» Tú fíjate la conclusión que sacan los niños.

—Esta conclusión se deriva de la forma como estás educando a tu hija. Ella, automáticamente, asocia causa y efecto al ver tu reacción. Ha hecho algo mal y por consiguiente lo que sigue es un castigo, porque tú ya se lo has enseñado así. A mí lo que me hace pensar es la seguridad con que la niña piensa que se merece un castigo. ¿No será que hizo a conciencia todo el proceso del llenado y vertido de agua por alguna razón? —dije.

—La madre cree que no lo ha hecho adrede, pero la niña sabe perfectamente que con el agua tiene que jugar en la terraza, en el baño o en la cocina, o sea, no se puede andar con agua por el pasillo. Lo que no sabemos es si, con dos años y pico, se acuerda de esa orden que le dimos hace tres meses o la ha olvidado.

—De todas formas, del fuego si se acuerda —dijo Alicia.

—Yo creo que del agua también, por eso te preguntó que si la castigabas.

—No, yo creo que me oyó ahí rebuznando mientras recogía todo el agua, vamos. Diciéndole: Patricia, qué desastre, por favor, que no se puede, no se puede, y tal, tal...

—Entonces los «castigos» son inevitables siempre, claro... —trataba de convencerme al escuchar de nuevo aquella repelente palabra.

—Yo creo que sí —dijo Jose Ignacio.

—Yo creo que una reprimenda a tiempo es algo bueno... pero tiene que ser inmediata a la acción y acorde a la gravedad del problema, ¿no...?, porque, a no ser que tengas muy mala leche, no vas a ponerla a cargar piedras por algo que con un simple toque de atención es suficiente, ¿no? —dijo Alicia.

—Lo que tú estás viendo como un grave problema es una medida que haces desde el punto de vista de adulto. Porque los niños no entienden de esa medida —dijo José Ignacio.

—No estamos midiendo, lo que sí entiendo es que el castigo es necesario. No todos los días, con una frecuencia desorbitada, pero sí de cuando en cuando, una azotaina en el culo o que se quede tres minutos sin hablar. Eso es normal.

—Pero, Alicia, lo que tú decías de medir la gravedad del problema, la niña no tiene tu medición de la importancia de las cosas. Es decir, si la niña, por lo que sea, te hace una trastadita pequeña...

—... el castigo es pequeñito, pero si coge este vaso, diciéndole, no lo tires al suelo... saca la

121

rabia del fondo y lo tira al suelo y lo rompe en mil pedazos, ahí va el azote seguro. Que es donde más le duele a ella. Ese azote le duele en el alma más que en el culo. Aunque ahora que no tiene pañales a lo mejor le duele también ahí —dijo Alicia.

—Bueno, estamos hablando de algo mínimo. Pero si un hijo te hace algo más gordo, es decir, entre una acción más suavecita y otra que es más fuerte, ha de tener castigos, en efecto, proporcionados, pero ni que uno sea tan suavecito, ni tan fuerte. No sé si me explico. Es decir, aunque sea una tontería, que le tienes que dar una cierta reprimenda, para que se dé cuenta de que es un castigo, y si la arma muy gorda, tampoco la puedes tú armar igual. Es decir, que el baremo de castigos sea más estrecho que lo que es el comportamiento del niño —dijo José Ignacio intentando hacernos comprender algo desde su comprensión inconsciente de «restar violencia».

El castigo es violencia y estrechar esa vía era intentar erradicarla para pasar a otra forma de educar. Al escuchar tanto la palabra castigo, en cierta forma no lo podía entender después de haber analizado mis nefastas acciones antieducativas del pasado de padre. Quizá, en cierta medida, los recuerdos de la infancia con mis hijos ya se me habían olvidado. Yo también, por aquel entonces, utilizaba muy frecuentemente la frase: «castigado por haber desobedecido»; «castigado por esto, por lo otro, por lo de más allá». Con el tiempo entendí que era mejor adoptar otra manera de educar, porque comprendía que los padres, en muchas ocasiones, la mayoría, debiéramos ser castigados por lo mal que lo hacemos. ¿Y quién nos castiga? ¿Qué es lo que nos hace adoptar este proceso educativo? Pero la realidad era evidente, a los niños había que castigarlos y reprimir sus acciones e intenciones, para evitar males mayores. No estaba convencido, pues entendía que el niño más que castigado debía, ya desde muy pequeño, *ser entrenado en el esfuerzo personal de la disciplina y el orden,* que a la larga crearan hábitos y seguridad en si mismo, pudiendo así rendir mejor en todas las áreas de la vida. Pero, ¿cómo se hace esto?

«Es muy complejo y varía mucho entre unas familias y otras en las que se manifiestan unas normas, estilos de comunicación, estrategias y pautas de conductas que regulan la interacción de los padres con los hijos. Existen muchos estilos de disciplina familiar. Entre ellos podemos destacar:

123

La disciplina positiva o inductiva, caracterizada por la predominancia de gratificaciones, tanto materiales como afectivas, y por la frecuencia de razonamientos que acompañan tanto a la presentación de las normas que deben asumir los hijos, como a las situaciones en que los hijos transgreden las normas establecidas.

El segundo estilo educativo, denominado coercitivo o negativo, se caracteriza por la utilización frecuente de castigos, bien sean de tipo verbal, es decir reprimendas o privaciones de privilegios, así como por la existencia de coerciones físicas.

Y el estilo educativo denominado indiferente, que se caracteriza por una alta permisividad manifiesta, tanto ante los comportamientos negativos como positivos de los hijos.

Un estilo educativo basado en la incoherencia deja secuelas mucho peores que el estilo educativo basado en cierta rigidez. El desamparo aprendido va acompañado de una serie de refuerzos incoherentes, positivos o negativos, que tienen consecuencias mucho más graves que la rigidez del castigo sistemático ante cualquier falta hallada.» [Según estudio de Selimán (1975) e investigaciones de Clemente y cols. (1985a y b).]

Entonces, según este análisis, ¿el castigo llega a ser en la familia algo necesario?

«La familia debe reconocer y aceptar la responsabilidad de sus propias acciones pasadas, presentes y futuras. El objetivo de la educación familiar es desarrollar la responsabilidad en los hijos, y esta debe ser una capacidad que muestren los adultos. Pero asumir esta responsabilidad no equivale a anular la posibilidad de cometer errores. Los hijos cometen errores a lo largo de su desarrollo y los cometen los adultos en sus relaciones de pareja y en su mismo papel de educadores. Hay errores de diferente nivel: romper un plato, mentir o ser demasiado rígido..., todos son posibles. Lo importante para facilitar el desarrollo es que los hijos perciban que asumir las propias responsabilidades es un valor que no debe ser reprobado. Tal afirmación no implica que nuestras acciones no tengan unas consecuencias, que puedan ser positivas o negativas, a corto o largo plazo, bien sean derivadas de modo natural o de modo convencionalmente asignado. Romper un vaso supone no poderlo utilizar más, y mentir supone perder la confianza en los demás. En cuanto estos hechos pueden suceder o no de una forma natural se complementan automáticamente con un castigo convencional, por ejemplo no ver la televisión, un azote o quedarse en silencio sin decir nada durante un tiempo. Una acción del niño tiene una reacción en los padres y unos castigan y otros permiten.

Es importante tener claro que no es lo mismo castigar o premiar una acción, que castigar o premiar la asunción de responsabilidad. Como tampoco es lo mismo reprobar la acción que reprobar a la persona:

—¿Por qué has tirado el vaso? ¿Se te ha caído sin querer porque estás cansada, hija? ¿Has tirado el vaso porque estás enfadada conmigo? ¡Has tirado el vaso porque me quieres fastidiar!, pues ahora te vas a tu habitación una hora castigada. (Reprobar la acción.)

—Eres una niña mala y consentida, ¿no te da vergüenza no hacer caso a mamá? Pues toma. (Le da dos azotes en el culo.)

Existen otros casos de reprobar al niño, llenos de ira y resentimiento como por ejemplo:

—¿Eres idiota? Esta niña es imbécil... ¡mira que romper el vaso! Eres una inútil y estúpida niña mala. Venga, a tu habitación castigada sin comer para que aprendas —y le da varios azotes que dejan marcada a la niña. (Reprobar a la persona.)

Estas son las realidades que los padres deben aprender, a diferenciar primero, y actuar en consecuencia después, valorando las acciones de nuestros hijos. Unas acciones son graves e intencionadas y otras son simples meteduras de pata por descuidos o impulsos sin intención.»

ADELINA GIMENO

¿SE PUEDEN EVITAR LOS CASTIGOS? CONTROL DE LOS IMPULSOS. ¿HASTA DÓNDE LLEGA LA LIBERTAD DE NUESTROS HIJOS?

Seguía con José Ignacio y Alicia en una deliciosa conversación sobre sus recientes acciones de padres recién estrenados. Se levantó un viento muy agradable que hizo me sintiera feliz en compañía de aquellos dos seres tan espontáneos y transparentes. Dos amigos y padres que valoraban en profundidad su buen hacer, intentando aprender esa difícil profesión, la de padres, que nadie enseña y que todos los que tomamos esta opción de vida tenemos que aprender sobre la marcha.

La palabra castigo me hizo reaccionar y sin intención de crítica, expuse mi opinión con una pregunta:

—¿Y no se puede educar con más imaginación creativa? ¿Tan necesarios son los castigos que no se pueden evitar?

—Eso depende de la edad... —dijo José Ignacio.

Alicia entró con cierta precipitación a contestar mi pregunta, adelantándose a José Ignacio.

—Yo enseño a Patricia para que obedezca, y le leo cuentos de los niños que se portan muy bien y de los que se portan menos bien. Los niños que se portan bien, pues tienen amigos, si obedecen a sus padres y tal y cual...

—Yo pienso, como todo en la vida, que las acciones de los niños son consecuencia de causas concretas. Por ejemplo, ella rompe el vaso; pero, ¿por qué rompe ese vaso? Esto te va a permitir reflexionar antes de precipitarte a castigarla sin más. Haciendo este esfuerzo creo que estás controlando tus propias reacciones, y esto a la larga beneficia a los dos: al padre, porque toma conciencia de sus impulsos, y al niño, porque de esta forma se le educa con control. Y hay una gran diferencia entre obedecer instantáneamente a los impulsos emocionales descontrolados cargados de ira, a actuar desposeidos de esa carga que lo único que hace es precipitarnos a cometer errores continuamente. Entonces hay que hacer un esfuerzo, como entrenamiento, de no dejarse llevar por la reacción que supone el hecho concreto de romper el vaso, para poder pensar que ese hecho puede esconder algo que tú no conoces. ¿No? Es complicado, desde luego, si no hay un entrenamiento personal.

—Eso lo ves claramente —dijo Alicia—. Tú ves cuando rompe el vaso, porque se ha tropezado y se le ha caído; entonces ahí no hay castigo.

—Lo que quiere decir Mariano es... cuando lo tira con rabia, ¿de dónde viene esa rabia?, si nosotros sabemos controlar ese momento para reflexionar un instante —dijo José Ignacio.

—¡Ah, bueno! Eso sí —replicó Alicia—. Pero distinguir entre si es rabia o es torpeza, eso es obvio. Si la niña coge el vaso y lo tira al suelo con rabia, eso es fácil de apreciar.

—Una vez que te has dado cuenta que lo tira con rabia, te preguntas: ¿y por qué reacciona así mi hija? Es un instante. Siempre que nuestros hijos hagan algo, reaccionar con calma y reflexión por un instante. Este proceso de reflexión es, a la vez, de control de tu propia persona y no cabe duda que es un proceso creativo muy importante y para no dejarse llevar por la impulsividad. De esta manera puedes llegar a la conclusión de que la rabieta que ha cogido tu hija tiene una causa evidente en ti. Al hacer este descubrimiento y si ciertamente es verdad que tú eres la causa del malestar de tu hija, ¿no sería conveniente que te aplicaras a ti misma un castigo, en vez de vociferar y castigar a tu hija?

—Eso es sacar las cosas de quicio, ¡vamos! No, no, no... entiendo que eso es tratar de sacarle catorce pies al gato. O sea, una niña tira con rabia el vaso por dos causas: una, porque esté cansada, no haya dormido siesta... y esté así que no sé qué... y entonces tenga una especie de reto, de lloro que no sabe que hacer y lo tira. Y hay que darle también porque no se puede permitir. Y la otra es como si te estuviera probando la paciencia. Tú le dices: «No lo tires», y dice: «Sí.» «No lo tires», y ella dice: «Sí.» «No lo tires», y... ¡toma!, lo tiró... Entonces, ¿ahí que hay? Un azote bien dado —Alicia reaccionaba ante mi razonamiento con cierta rebeldía, como si fuera muy teórico lo que decía.

No cabe duda que las relaciones humanas con los hijos son acontecimientos rápidos y difíciles de captar como testigos, para después poder analizarlos a la luz del conocimiento. Es más facil y habitual reaccionar de una forma diferente ante las diversas situaciones que se presentan en la convivencia con nuestros hijos. A un ataque de ira, la madre poco paciente responde con chillidos semejantes. El dejarse llevar por las circunstancias es fácil, pero no hay lugar a dudas que es necesario el entrenamiento personal para no reaccionar y controlar el máximo posible nuestra personalidad, porque de nuestro control dependerá el aprendizaje del control de nuestros hijos.

Desde luego plantearse este tipo de comportamiento con el ritmo trepidante de nuestra vida, parece imposible, porque poner freno a la inercia de las relaciones familiares «normales» y cotidianas es ciertamente un reto. A Alicia le costaba asimilar el proceso y yo entendía ciertamente la dificultad, pero, vencidos los primeros obstáculos, los padres podemos estar preparados para crear hábitos dinámicos de análisis y puesta en acción sobre nosotros mismos y nuestros hijos.

No podemos dudar que transmitimos a nuestros hijos nuestras propias ansiedades y frustraciones, añadidas a la infinidad de situaciones que tienen que vivir los niños en el ambiente social. Muchos psicólogos opinan que es muy necesaria la continua comunicación familiar, la terapia familiar... para oxigenar y hacer que salgan a la luz elementos del inconsciente que actúan desde la sombra, condicionando nuestra forma de ser.

—Yo sigo opinando —dijo Alicia— que si la niña tira los vasos así por las buenas hay que darle un azotito, porque no se pueden tirar los vasos. Porque las cosas no se rompen; porque se corta; porque tal... y luego, si quieres, mañana o pasado mañana, piensas: ¿Por qué habrá tirado el vaso? Y ya me comeré el coco para ver de dónde sacó esa rabia. Pero ante el hecho...

—... Hay que reprimir —me salió la palabra automáticamente y Alicia en el fondo dudó, pero...

—... Sí. ¡Vamos...! No. No siempre. Yo me estoy refiriendo a los hechos más drásticos, ¿no? Nuestra hija tiene dos años y medio y le he dado dos azotitos y otras dos veces, castigada en su habitación con la puerta cerrada. Tampoco es que seamos nosotros aquí unos represores tremendos. ¿No? Pero que... hay que reprimir o castigar acorde a la situación.

—Hay muchos padres que llevan a los niños al psicólogo, pensando que los niños están mal, cuando debería ir toda la familia, porque es el ambiente familiar enrarecido el que está respirando y afectando a ese niño —dijo José Ignacio.

—La verdad es que conociendo los detalles más sutiles, empezamos a ser conscientes de lo que puede afectar a nuestros hijos. Los pequeños detalles son los que necesitamos desgranar para poder ver el problema, sea grande o pequeño. Porque, ¿hasta qué punto podemos castigar y pegar a un niño o una niña? Y es que, multitud de veces te lo piden a gritos, pero porque te están pidiendo que les marques sus límites.

—Pero es que eso es necesario, porque imagínate que tú tienes toda tu libertad de golpe, no sabes qué hacer con ella —dijo Alicia.

—El niño se siente más seguro cuando va un poco encajonado —dijo José Ignacio.

—Es como ganarte la libertad, los regalos, los premios, los objetivos... poco a poco. Pero si a un hijo tuyo de quince años le dejas salir desde el primer día, hasta las siete de la mañana... —replicó Alicia.

—... ya le has quitado toda la motivación. Ya ha conseguido todo lo que quería —contestó José Ignacio.

—Eso me parece que es una putada para el niño... —repuso Alicia.

—Es una faena para el niño. Sí —dijo José Ignacio.

—Igual que si tiene todos los regalos del mundo en su cuarto. Si su cuarto parece «El Corte Inglés» de Castellana, es una putada para el niño. Pero para el niño, no para ti ni para nadie... —contestó Alicia.

—Es para el niño, porque pierde la ilusión por...

—... por las cosas —interrumpió Alicia—. La actividad de un niño dura diez minutos.O sea, la capacidad de concentración depende de la edad, pero por lo menos a esta edad, son diez minutos con ese muñeco, otros diez minutos con la pelota, otros diez minutos con no sé qué... vuelve al muñeco... ¿me entiendes? Es así. No dura más. No es capaz de estar una hora pintando. No. A menos que tú estés con ella dibujando. Su actividad, ella sola, son diez minutos. Pues si de entrada tiene todo... Es que es una faena para ellos, lo mejor es poco a poco.

—De esta forma los niños, a la fuerza, tienen que sentirse mal. Por otra parte, el niño con toda la libertad se debe sentir desprotegido y esto es síntoma de falta de amor. Porque cuando el padre o la madre cuidan de su hijo, continuamente están marcando límites por amor, para que no se haga daño, para esto para lo otro. Son los ángeles de la guarda, pero si el niño siente que no le guía ni le guarda nadie, debe ser una experiencia de desamparo y desolación.

—Es que cuando una persona pone límites, eso quiere decir que esa persona te interesa —dijo José Ignacio.

—«Quien bien te quiere te hará llorar» —me decía siempre mi padre. Y es verdad.

—Es como el tutor de las plantas. A las plantas para que no crezcan así torcidas les pones un tutor. ¿No? El palo que se pone en medio de la maceta se llama tutor. Está muy bien logrado el nombre —dijo Alicia.

—Es fundamental saber guiarlos desde pequeñitos. Desde el entrenamiento continuo. Desde los primeros años es necesario el aprendizaje del control de la ira, pues de ahí vienen un sinnúmero de problemas de agresividad. Y sobre todo fortalecer los lazos emocionales. A mí me satisface mucho, ahora, cuando mi hija sale de casa, la iniciativa que tiene de decirme siempre a dónde va. Y va a cumplir veintiún años. Ya es mayor de edad y no tiene ninguna obligación de decirme nada. «¡Oye papá!, que salgo esta noche; que me voy al parque; que me voy a la piscina; que te llamo luego; que me voy a Toledo con unas amigas;... Me satisface mucho que sienta la necesidad de comunicarme donde está para no preocuparme, o por el simple hecho de que sepa a dónde va. Con esto me está demostrando que se siente ligada a mí, que le intereso, porque ella siempre me interesó a mí. Esa respuesta es síntoma de amor y eso es bueno porque es una conexión afectiva muy importante. Si yo hubiera pasado de ella, ¡ya ves!, no habría ninguna conexión y seguro que la relación sería desgraciada para los dos. Con mi hijo me pasa igual, a sus veintidós años es un lujo de hijo. Cuesta mucho, no cabe duda, porque educar es algo muy difícil, sobre todo porque tienes que estar constantemente como observador de los acontecimientos de tu propia persona, para estar por encima de las circunstancias de los hijos, que inevitablemente pueden arrastrarnos hacia su propio terreno de inmadurez. Y también porque ser padre no quiere decir que llevas siempre la razón. ¡No! Por este motivo insisto en que es necesaria una conciencia constante de nuestro papel de padres y un asiduo entrenamiento, para hacerlo lo mejor posible. No cabe duda que somos humanos y de los errores necesariamente tenemos que aprender.

—Está claro —dijo Alicia— que con respecto a la permisividad, no podemos estar todo el día diciéndole que no... a todo. Tú estás jugando con la niña, y estás todo el rato: esto, ¡no!; la silla,

¡no!; los pies, ¡no!; la mesa ¡no!; la tierra ¡no!; el jardín, ¡no!

—El «no» del vaso equivale al «no» de la tierra o al «no» del fogón donde se puede quemar. Es como un eco continuo, con lo cual no sirve —contestó José Ignacio.

CAPÍTULO IX

PADRES-MAESTROS, PADRES-FANTASMAS. PAPELES COMPARTIDOS. AUTORIDAD Y AMOR

—Hay un aspecto que yo quiero enfatizar —comentó José Ignacio—, y es que antes, en las familias, se vivía en un entorno más grande: estaban los abuelos, los tíos, los hijos... es decir, se respiraba un ambiente familiar más amplio y la educación implicaba a toda la familia. Pero ahora el problema es que si los padres se inmiscuyen en el día a día de una manera absoluta, sobre todo con el asunto de la permisividad, al final acaba agotando y quemando. Yo lo que noto es la ausencia del sabio oriental, el que está por encima del bien y del mal, y al mismo tiempo marca directrices, con silencios, sus discursos... Yo muchas veces echo de menos que haya personas profesionales o asépticas...

—Los abuelos —dijo Alicia

—... y la escuela es un sitio ideal también. O sea, que marque límites también, porque los padres no pueden marcarlos todos, ya que al final habría una inflación de limites, y faltaría esa figura de gran padre y gran madre que dirige al niño, ¿sabes? Yo he vivido en un entorno donde había muchas chicas, que eran mis hermanas. Entonces ellas eran las que a mí me educaban, marcándome muchos límites, y claro cuando yo me desmadrada mucho pues venía la gran figura del padre que marcaba los puntos sobre las íes. Y no solamente eso, sino que el padre era un poco la figura a seguir, ¿no? Porque no se había quemado en el día a día con el puré, el baño... con la coña marinera. Pero por otro lado no se puede abandonar el día a día del niño. Es algo muy importante que el padre y la madre estén cercanos —respondió José Ignacio.

—A mí no me convence la figura del padre ogro, y el padre que pone los puntos sobre las íes tampoco me acaba de convencer —dijo Alicia.

—No, no, pero que no es esta figura. No tiene nada que ver. El papel que me gusta a mí es la figura del padre que es como el maestro, que sabes que está ahí, que te atrae y respetas, y que solamente con un torcer la mirada ya te está dirigiendo y marcando límites. No sé cómo expresarme —repuso José Ignacio.

—Ya, pero esta forma de ser es muy difícil que lo consiga el padre. En la sociedad en que vivimos, que ambos padres están implicados en la educación de los hijos, es imposible. Antes la figura del padre ausente era como un mito y quizá causaba más respeto en los niños, porque la madre también se encargaba de inflarlo de importancia. Pero esto ocurría solamente en un tipo de gente de clase social alta, porque del padre dependía económicamente toda la familia, y más aún, era respetado por gente que dependía de él por su cargo o categoría social.

—Ese tipo de padre es para la familia como un jefe, más que un padre.

—Claro, es como un jefe, de hecho le viene muy bien el nombre clásico de: «cabeza de familia». Este padre, cuando viene a casa, es el que impone su estilo de vida y es el modelo a seguir. Y los niños lo idealizan.

—Pero ese tipo de padres ejercen un papel fantasmagórico, como es la mentalidad aburguesada. Ahora me estoy acordando de la película «Mujercitas», el padre era de ese estilo, y la madre que se había encargado del noventa por ciento de las tareas con las niñas, y que su papel y su labor era muy importante, era relegada a un segundo plano. Esa es la injusticia que incluso hoy día en muchos hogares sigue vigente. La media hora de ese señor se hipervalora en detrimento de todo el día que la madre pasó con sus hijas. Esta claro que es una fantasmada.

—Claro que es un fantasma, por eso digo que ahora, cuando ambos padres están implicados en la educación de los hijos viven al padre cercano, más real. Porque ahora los padres bañan a los hijos, los padres visten a los hijos... los padres hacen muchas más cosas que antes no se podían permitir. Porque trabajaban todo el día fuera, y no había manera. Estoy hablando de los padres en general —dijo Alicia.

—A mí me encanta la figura del padre y la madre, maestros... respetados por los hijos, que mencionaste tú antes.

—Ah, sí. Ese tipo de padres si existen son un lujo para los hijos.

—Yo conozco padres así, y son capaces de mantener una armonía envidiable en sus familias. ¿Sabes cuál es su secreto?

—¿Cuál?

—El amor y el respeto para con sus hijos desde la infancia.

Alicia y Jose Ignacio estaban de acuerdo conmigo en este punto esencial, pero no supe hablarles en aquel momento de lo yo entendía que eran unos padres-maestros, y lo importante que es tener en cuenta la vía del crecimiento interior para entender que la vida está construida por pequeños e insignificantes momentos que pasan sutilmente por nuestra vida y nuestras mentes, dejando su rastro invisible. Estos son los momentos a los que me refería cuando hacía reflexionar a Alicia sobre la importancia que tiene, descubrir la causa que produce que nuestros hijos se encuentren en un estado u otro. ¿Por qué los hijos reaccionan de una forma u otra? ¿Por qué se encuentran tan irascibles o los celos les carcomen? ¿Por qué los padres somos tan inconscientes para no ver esas realidades y carecer de la capacidad de discernimiento de las emociones de nuestros hijos? Tenemos que partir de una base fundamental y es saber captar nuestra mediocridad a través de un gesto humilde. Porque normalmente todos nos sentimos confiadamente listos y esto nos lleva a no poner los medios para que nuestra capacidad de aprender aumente. Un padre tiene que sentirse aprendiz de ese oficio y, ¿que hace el aprendiz? Estar muy atento a las lecciones continuas que da la vida y sentir la necesidad continua de superar sus errores a través de la conciencia del error. Porque, normalmente nos excusamos echándole la culpa a los demás. Todas las acciones, por pequeñas que sean, tienen sus propios efectos y hay que ser muy conscientes del presente para darnos cuenta que la vida no fluye ni en el pasado ni en el futuro. Fluye en el presente y es el momento donde podemos analizar y aprender a valorar todos los comportamientos para poder aprender a rectificar y educar a nuestros hijos desde la consciencia de la armonía.

Los padres-maestros son conscientes de lo catastrófica que es la irritación, el estallido de la cólera, la excitación, la indignación... porque provocan un gran deterioro en las personas que se atormentan de esa manera. Estos padres saben que la ira provoca miedo y alejamiento en los que le rodean y lo peor de todo son los hábitos. Una familia habituada a gritar, es imposible que tenga paz y armonía; por este motivo, los padres-maestros consideran este aspecto emocional de vital importancia, porque la ira es contagiosa y de ella emergen otras emociones dañinas como el resentimiento. Un hijo resentido hacia sus padres puede ser motivo de continuos desequilibrios para él mismo y para toda su familia. Los sentimientos heridos producen enfados y rupturas. De aquí que sea tan importante el autocontrol de los padres, pues la forma en que traten a sus hijos va a tener consecuencias profundas y muy duraderas sobre la vida emocional del niño.

Es fundamental tener en cuenta los sentimientos de los hijos para educarlos, los padres-maestros aprovechan los problemas emocionales de sus hijos para desempeñar la función de preceptores. Son padres que se toman lo suficientemente en serio los sentimientos de sus hijos y tratan de comprender lo que les disgusta, y les ayudan a buscar alternativas positivas para apaciguarse.

Los padres que perciben lo que sienten sus hijos son aquellos que saben empatizar, teniendo conciencia de ellos mismos. Porque cuanto más abiertos nos hallemos a nuestras propias emociones, mayor será nuestro autocontrol y nuestra destreza para la comprensión de los sentimientos de los demás.

Es inevitable que ante determinadas situaciones los niños y los jóvenes pierdan la calma. La actitud ordinaria de los padres es enfadarse por hechos triviales, demostrando así el poco desarrollo de sus capacidades de autocontrol. Estos padres mantienen siempre conductas típicamente infantiles. Sin embargo, los padres-maestros son capaces de mantener una actitud abierta, capaz de empatizar con el hijo, para descubrir cuál es la causa de la rabieta, pataleta o arrebato, no cediendo a los caprichos y dándole la atención que requiere el niño en esos precisos momentos. De esta forma se controlan los malos hábitos de gritar, insultar, pegar o agredir físicamente.

Los niños necesitan que se les entrene en el control de sus emociones. Como decía antes Alicia, es bueno mentalizarlos cuando están tranquilos contándoles cuentos o simplemente hablándoles de las causas y los efectos de las acciones.

Son muchas y complicadas las situaciones que se presentan en la vida y cada una requiere un tratamiento especifico, pero siempre brotan los mismos estados emocionales y es ahí como síntesis donde tenemos que incidir para tomar conciencia de las reacciones emotivas.

El adiestramiento está muy ligado a la capacidad de ver cómo aparece y aumenta la ira. Si hacemos consciente al niño de su propio estado de ánimo y de lo mal que se siente, empezará a apreciar lo bien que se encuentra cuando se siente tranquilo y en paz alegre y feliz. Es una parada que podemos enseñar diciéndole que cuente hasta diez o hasta cien, antes de enfadarse, porque si se enfada, va a sentirse muy mal y provocar en los demás los mismos sentimientos. Porque la ira produce resentimientos y ésta lleva a los insultos y a la agresión. A una agresión corresponde otra agresión. Si nuestro hijo tiene edad escolar, se encontrará siempre con situaciones de insultos y agresiones. Si este niño ya ha sido entrenado para no reaccionar ante la agresión verbal, ya tiene mucho camino hecho para la convivencia pacífica. Por este motivo es tan importante que los niños tengan unos padres con visión emocional autocontrolada, porque así podrán enseñar a sus hijos lo más importante para su alegría presente y futura, y la inestimable colaboración de crear ambientes de armonía tan necesarios en nuestro mundo de hoy.

«Una educación basada en *el amor*, el respeto, el esfuerzo, la tolerancia, la disciplina, la comunicación y el diálogo, como valores fundamentales dentro de este proceso, da lugar a personas más libres, autónomas y por supuesto, más felices.» (Josune Eguía.)

Alicia, José Ignacio y yo seguimos con nuestra amena conversación. Disfrutando de una comunicación al margen de los egos, donde lo que más importaba era transmitir nuestra experiencia personal, de una forma desenfadada y amena, sobre todo para aprender los unos de los otros. Ciertamente aquellos momentos me producían alegría y felicidad, por la transparencia y la espontaneidad y, sobre todo, que allí existía una sintonía emocional que nos llevaba de unas experiencias a otras con la musicalidad del respeto y la gracia del afecto. Reímos mucho y no por los chistes que contábamos, porque no hizo falta, sino porque la libertad de opinión nos llevaba a ver muchos de nuestros aciertos y errores con cierta gracia. Nos reímos de nosotros mismos y eso era ciertamente saludable y bueno, porque demostrábamos estar por encima de prejuicios e ideas inflexibles y fanáticas. Exponíamos los hechos analizándolos desde el interés por aprender. ¡Qué bien y qué a gusto, poder escuchar y hablar de esta manera, única para saber de los demás, y que ellos se enteren de las propias experiencias!

Sentir aquella realidad familiar y el amor de José Ignacio y Alicia, me confirmaban mis continuas reflexiones de la posibilidad que existe de entendimiento afectivo y del significado tan profundo que tiene la familia. Aquella pareja ya había hecho realidad la célula donde sus hijos crecerían en cuerpo y emociones. Ciertamente el amor que emanaban estos dos corazones me confirmaba el fundamento de la unión de los seres humanos y de su coherencia a través del tiempo. La familia es posible cuando hay amor, y esta emoción da significado a la convivencia, no exenta de continuos obstáculos. La vida se vuelve dura e inflexible en muchos momentos, pero sólo con profundo amor y entendimiento se pueden vencer los obstáculos.

Seguimos en nuestra animada conversación y nos hacía gracia el papel del padre de la película «Mujercitas». Aquella figura era la imagen de la importancia y el respeto machista. José Ignacio comentó que la hora de este hombre era valorada de una forma desorbitada, mientras que las veinticuatro horas de la madre carecían de significado y valor.

—La niñas cuando venía el padre: «Papá, papá, papá...», y la madre que se había cargado el noventa por ciento del trabajo duro con las niñas, pues era ahí relegada a un segundo plano. Esa es la injusticia... —dijo José Ignacio.

—Esa es la injusticia del machismo.

—No, o simplemente, que si tú estás ocho horas con una persona y media hora con otra, es posible que esa media hora se hipervalore. Independientemente de si es la madre o el padre el que está fuera de casa.

—Eso está claro que es así. Si tú tienes media hora para tu hija, la dedicas de una forma completa —Alicia hablaba de su experiencia personal, pues ella trabajaba todo el día y muchas veces llegaba tarde a casa por causa de su trabajo.

—No, no... que tu hija te dedica a ti esa hora, no a la inversa. La hija o el hijo valora mucho más esa hora que le dedica el padre o la madre ocupada —dijo José Ignacio.

—No, ya... pero en media hora o una hora tanto el hijo como la madre o el padre, estás concentrado. Pero las ocho horas del día es como si se desplegara más y se difuminara, y en muchos casos se perdiera la atención y el interés hacia el hijo o la hija. Eso pasa —repuso Alicia.

—Yo estoy convencido de que si estuviera veinticuatro horas con los hijos... habría un respeto bastante menor que en los momentos claves de la vida. El día a día quema —dijo José Ignacio.

—Y tú, Alicia, ¿qué opinas sobre lo que dice José?

—Ya... pero no se puede estar en los momentos claves de la vida, si no has estado antes un rato. O sea, nuestro presente lo vivimos en muchos sitios y con muchas personas. Los padres que ven poco a sus hijos tendrían que saber que ese mínimo tiempo que le dedican al hijo es presente para vivirlo intensamente. Ese tiempo parece que no es importante y sin embargo lo es más que los momentos que consideramos claves en nuestra vida como son las fiestas, las vacaciones, los cumpleaños, la primera comunión, la entrega de los diplomas por estudios terminados, el día de la boda... A eso me refiero.

—Yo lo que digo es que los padres que están dedicados continuamente al niño están también olvidados a cuidarles, es decir: darles el biberón, bañarlos, llevarlos al colegio... y estar con los hijos todos los días de su vida, te lo estás tomando como un trabajo más —dijo José Ignacio.

—Yo es que no me lo tomo como un trabajo. Yo me lo paso bien, por ejemplo, dándole de cenar a Patricia, bañándola, haciéndole burbujas...

—Alicia, ¿es verdad que la mujer y los hijos son el núcleo de la familia? ¿Es verdad que cuando se tienen hijos la vida adquiere significado profundo solamente con ellos? —quería saber la opinión de una recién estrenada madre dos años y medio atrás.

—Pero es que yo no excluyo a mi marido de ese núcleo.

—No, tú no lo excluyes, pero la realidad de ser madre, de haber concebido a tu hijo en tu propio cuerpo, que durante nueve meses formó parte de ti como tu corazón, tu estómago, tus pulmones... durante nueve meses fue algo totalmente tuyo; por este hecho, el vínculo emocional es muy fuerte. Y por este motivo precisamente, madre e hijos se hacen centro de la familia. El marido forma parte de ese universo, pero ya como complemento. ¿Es cierto lo que pienso?

—Yo tengo una relación especial con Patricia y también con Jaime, mi hijo recién nacido, y tengo una relación especial con José. Pero también José tiene una relación especial con Patricia y una relación especial con Jaime, distinta de la mía.

—Inevitablemente distinta. No lo puedes evitar. Yo no puedo limitarme, con la paciencia y los jueguecitos... yo no puedo perder el sentido de mi personalidad, ja, ja, ja... —José Ignacio bromeaba y cambió de tercio—. Porque esta es otra; Alicia, para que su hija haga algo, la engatusa. O sea, no demuestra claramente su autoridad, sino que engatusa y al final su hija acaba haciendo lo que Alicia quiere. Lo que yo no sé es si inconscientemente ese hijo respira eso como una cierta autoridad o no. ¿Sabes? Es la autoridad que se gana no diciendo a la gente: «¡Oye que yo soy el jefe!», sino, simplemente, impartiendo la autoridad. Entonces Alicia hace esto, porque le cuesta mucho enfrentarse con su hija; prefiere engatusar, y como tiene paciencia, pues consigue lo que se propone. A mí también me gustaría engatusar, pero como no tengo paciencia, pues al final, acaba la cosa mal. Ja, ja, ja...

Ignacio se reía porque su comportamiento le hacía gracia. Era como romper en pedazos, con sentido del humor, esos momentos un tanto ásperos y dramáticos, del encuentro diario con los hijos. En cambio Alicia manifestaba de forma natural, el éxito de su forma de relacionarse con su hija, en esos momentos claves de las comidas, cuando los niños se niegan a beber o comer lo que les mandamos.

—Yo consigo que se tome la leche y encima esté contenta —dijo Alicia.

—Esa forma de educar tiene mucha importancia.

—Ahí lo has conseguido, pero no has demostrado ninguna autoridad —replicó José Ignacio.

—La autoridad emana del propio amor que muestra Alicia por su propia hija.

—Es lo que estaba diciendo, que yo soy el que manda y nadie me respeta. Ja, ja, ja... ¡A mí el mando a distancia de la tele que no me lo quite nadie...! Ja, ja, ja... —José Ignacio volvía de nuevo a utilizar su sentido del humor, mientras Alicia insistía de nuevo en su poca y concentrada dedicación a sus hijos, como algo fundamental.

—Yo llego a casa tarde, y estoy dos horas a la semana con la niña. Media hora diaria. A veces estoy, otras no estoy, otras estoy más... de lunes a viernes son dos horas, ahora, esas dos horas se las dedico, y después los fines de semana, todo el tiempo las veinticuatro horas, ¿eh? Y es que yo me lo paso fenomenal con Patricia. O estoy jugando ahí con el «Lego», o haciendo una piscina, o haciendo no sé qué, o puedo estar pintando con ella... ¡Que me lo paso fenomenal! —seguimos hablando mucho tiempo sobre este tema hasta entrada la tarde y me fui a casa con la satisfacción de haber estado en un nido de amor. José Ignacio y Alicia lo compartían.

CAPÍTULO X

UNA EXPLICACIÓN BIOLÓGICA Y NEURONAL DEL APRENDIZAJE Y AUTOMATIZACIÓN DE LOS HÁBITOS

Las relaciones familiares se viven de una forma inconsciente. Son muchos los elementos automatizados como hábitos difíciles de superar que empujan a caminar por una línea emocional marcada. Aunque cambie un solo miembro familiar, ninguno se dará cuenta del cambio, pues la conducta habitual es completamente automática e inconsciente.

«Esto quiere decir que ponemos en marcha una complejísima serie de órdenes, ajustes y controles con la intervención de la corteza motora, cerebelo, ganglios basales, medula espinal, nervios periféricos, sensores musculares, cambios metabólicos y otros muchos procesos.

El automatismo robotizado de la mayoría de pensamientos y de las conductas es normal y no debe preocuparnos demasiado. El problema que debemos evitar es la automatización excesiva de nuestra personalidad, que puede dar lugar a decisiones y acciones poco eficaces y poco inteligentes. Nuestra personalidad, incluyendo emociones y reacciones, depende del sistema referencial que nos impone desde fuera la cultura. Es necesario un gran esfuerzo para comprender cómo funcionamos, escaparnos de los automatismos aprendidos y modificar las referencias ya establecidas. Para ello es necesario darnos cuenta del origen y del poder de nuestras estructuras ideológicas y sensoriales. El liberarnos al menos parcialmente de sus dictados, supone la máxima realización de la libertad, de la inteligencia y del pensamiento individual. Desautomatizar las percepciones y las reacciones emocionales, es un privilegio al alcance de los seres humanos, que con frecuencia pasa inadvertido y no es utilizado adecuadamente.

Lo natural es desesperarse cuando se consume nuestro tiempo sin sentido. Cuando nuestros hijos, disparados ya por una forma de ser automatizada, irrumpen en nuestra vida y lo normal es que reaccionemos con nuestras emociones. En las mismas condiciones podemos no reaccionar y desautomatizarnos, pensando que nuestros enfados no van a resolver los problemas de nuestra familia; por tanto, es mejor conducir a la familia desde la tranquilidad, gozando de los hijos y de nuestros pensamientos y sentimientos nobles y pacíficos.

Las relaciones familiares están robotizadas en su gran mayoría, regidas de reacciones automáticas agresivas por situaciones de estrés. Miradas hostiles, insultos verbales, actitudes amenazadoras y quizás agresión física pueden ser las respuestas que se expresan, casi sin darse cuenta, y de las que a veces hay arrepentimientos. Habitualmente respondemos no de acuerdo con nuestros deseos, sino con la conducta del oponente, gritando si él grita, con violencia si él se pone violento. Debido a los automatismos de respuesta, nos ponemos en el terreno de juego del contrario, en vez de elegir inteligentemente qué es lo que debemos hacer y decir.

La desrobotización personal en situaciones de tensión emocional es esencial para disminuir los riesgos de acción y elevar la posibilidad de felicidad.» (Rodríguez Delgado.)

Una vez que nuestros hijos están contagiados de la permisividad, nos arrollan cada vez más. No hay freno a sus tendencias habituales. Son costumbres arraigadas de falta de respeto y egoísmo continuo. Si desde la infancia no hemos sabido comprender el significado de su interés por aprenderlo todo, cuando sus ojos miran con sorpresa y admiración. Cuando nuestras palabras son para ellos verdad profunda y auténtica. Si en esos momentos de la tierna edad no somos conscientes de ese proceso estamos desperdiciando lo mejor de la vida de nuestros hijos para enseñarles valores de la vida con los que van a funcionar en libertad, y en un profundo respeto de la libertad de sus semejantes. Cada palabra, cada acción se graba en sus tiernas neuronas produciendo sensaciones inimaginables de fantasía. Porque la fantasía y la realidad de los niños están mezcladas en su mundo subjetivo de razonamientos tantas veces y aparentemente irracionales. Y es que la vida de los niños es un subconsciente abierto de par en par sin restricciones, como un pozo profundo que absorben incluso inconscientemente para llenarlo de imágenes con las que se alimentan para crear riqueza o destrucción. Porque desde fuera se influye a través de profundas sugestiones.

Cuando los padres muestran excesiva flexibilidad por comodidad o debilidad, el niño entiende la despreocupación de los padres y se aprovecha de ese comportamiento que le facilita tanto las cosas. Se empieza a gestar en él una forma de ser de libertad total con predominio de continuos caprichos que tienen que ser satisfechos. Ya desde niño, incluso, impone con rabia sus demandas. Estos niños consentidos pueden desarrollar tendencias y defectos de auténticos tiranos. La belleza del niño, su espontaneidad y frescura se quiebran, para dar paso a un niño maleducado e irresponsable sin capacidad para valorar nada. Llegando a una edad esos caprichos son órdenes y muchos padres temerosos de lo peor consienten. Habiendo llegado al terreno del miedo, la familia está en peligro, porque el hijo reclama con poder prepotente y violento sus derechos, y sus deberes los olvida por completo. En este punto se ha gestado el monstruo egoísta y devorador cuya atención está centrada única y exclusivamente en él mismo. Él o ella son el ombligo del mundo y todo gira, en la mayoría de los casos, alrededor de un narcisismo ególatra aterrador. Los padres permisivos ahora son víctimas de su exceso de debilidad y ya no hay remedio si no existe una firme resolución familiar. Lo peor de todo es que las bajas emociones han sido capacidades a las que se les permitió su total desarrollo y ahora mandan como gigantescos hábitos que envuelven a los hijos y a los padres para ser destruidos. Es fácil deducir el resultado de estas familias como consecuencia de tensiones de todo tipo. El final es la ruptura y la desintegración de la familia. No se puede vivir en el infierno de la crítica y el descontrol total. Donde no hay respeto de los unos por los otros, irrumpe la violencia, y así en esa continua discordia un día llega el final. Puede ser de muchas formas; lo normal es que sea violento, otros sabrán encauzarse de forma que la mala experiencia vivida sea una lección aprendida. De tanto sufrimiento se disponen a desarrollar nuevas capacidades, para conseguir recuperar la alegría y la armonía devastada por la ingenua ignoracia proteccionista. Estos padres ingenuos e infantiles y tantas veces perezosos, no sabían que la vida es muy seria y que los seres humanos somos animales que obedecemos a profundas tendencias ancestrales. La naturaleza tiene sus propias leyes y si no se tienen en cuenta corremos peligro de ser devorados, (es una forma de hablar) incluso por nuestra propia familia. Cada individuo nacido ocupa un espacio y ese espacio vital lo reclama el propio cuerpo desde actitudes interiores, que deben ser respetadas. Pero el ser humano olvidó a lo largo del tiempo sus instintos elementales de comportamiento.

Hoy día abundan los jóvenes salvajemente irrespetuosos y materialistas, sin ningún sentido de humanidad ni respeto a unas mínimas normas de convivencia. Son seres ciegos, molestos, resentidos... y vociferan su malestar sin ser conscientes de lo molestos y dañinos que son ellos. Enemistados con todos, rugen en conciertos ruidosos de ritmos trepidantes, y en el transcurso de la vida ordinaria, intentando hacer añicos todo lo que encuentran a su paso, reinvindicando el odio, como una forma de estar bioquímica necesaria para desarrollar el poder de la agresividad. En el fondo creen que odiando cambiarán las cosas para que sean de otra forma, y aunque odien, se creen buenos y libertadores de la opresión y la hipocresía social, y no se dan cuenta de que son los verdaderamente oprimidos por ellos mismos. Que su interior está enfermo de muerte, cuya locura y vacío existencial les hace hienas de la muerte. Es el resultado de los dos grandes extremos (autoritarismo y permisividad) que se manifiestan en la familias y en estas sociedades del bienestar, de malestar permanente.

Los actos son consecuencias de algo que los determina y existe un misterio insondable que nadie puede conocer: lo que de verdad percibe la mente individual. ¿Por qué la permisividad produce semejantes comportamientos en los seres humanos y cada uno los percibe de distinta forma? Si embargo los efectos de las acciones son todos iguales en las formas de expresión. Normalmente, no hay conciencia del desarrollo cerebral que se está produciendo en los niños y no tenemos capacidad para analizar los mecanismos neurológicos que intervienen en las experiencias emocionales. En general, desconocemos nuestro funcionamiento y el de nuestros semejantes. Si conociéramos los mecanismos neuronales y el funcionamiento de nuestra biología, y la influencia que nos causan todos los sucesos de la vida, tendríamos más cuidado con nosotros mismos y con nuestros semejantes, y muy en especial con nuestros hijos.

La educación que recibimos, tanto en la familia como en la escuela, está modificando continuamente nuestra estructura cerebral. Con un poco de imaginación, cuando maltratamos a nuestros hijos o les permitimos que hagan lo que les da la gana, podríamos ver uno de los aspectos más importantes del ser humano: su cerebro. Detrás de esos ojos verdes, castaños, azules... se encuentran dos mentes dispuestas a sentir y aprender, y que perciben e interpretan el exterior por medio de los sentidos. Una mente emocional y otra racional que interfieren entre sí con una misión muy importante: desarrollar al máximo sus diversas capacidades. Es tan potente nuestro cerebro, y tan sensible para captar información, que si los estímulos que recibe no son los adecuados, se genera otro tipo de evolución, donde los resultados son diversos y con los mismos efectos emocionales. La ira, el resentimiento... surgen por carencias de estímulos placenteros. Podríamos decir que la permisividad puede producir felicidad, y sin embargo no es cierto, porque la licencia para hacer lo que nos da la gana no es causa de felicidad, ni de libertad, si no todo lo contrario, porque origina el efecto dominó; un deseo produce otro deseo y así hasta una interminable producción de inquietudes egoístas. Si la realidad que percibimos nos destruye por dentro, puede causar el mismo efecto que la destrucción traumática o quirúrgica, y nuestra personalidad se sumerge en distintos estados emocionales volviendose ciega para poder percibir otros aspectos de la vida.

«Según han demostrado Penfield y otros neurocirujanos, la destrucción traumática o quirúrgica de la corteza motora determina una parálisis contralateral sin alterar la emocionalidad de la persona. Una lesión en el lóbulo occipital puede producir ceguera, afectando muy poco las reacciones emocionales normales. Ciertas heridas de guerra y algunos tumores invasivos destruyen diversas estructuras cerebrales con manifestaciones funcionales que no dañan la normalidad mental. Por el contrario, se han observado pacientes con tumores minúsculos en el hipotálamo que son la causa de cambios drásticos en el carácter. El estímulo eléctrico de la sustancia gris central puede determinar estados de agresividad incontrolables contrastando con la actividad eléctrica del sistema límbico que puede inducir manifestaciones placenteras y amorosas.» (J. Delgado.)

No perder de vista el cerebro como generador de los diversos comportamientos, nos hace conscientes de la importancia que tenemos todos los seres humanos. Nos ayuda a pensar que detrás de cada rostro hay algo que nos percibe y se transforma con nuestros comportamientos. La influencia de los padres sobre los hijos están cargada de afectos y vínculos emocionales fraguados en la infancia y en la intimidad, con una fuerza que supera la razón. El cerebro de los hijos se empapa desde el vientre de la madre, y vienen cargados de herencia que desarrollarán tiempo después. Es muy serio un hijo que viene al mundo, y debemos tratarle con el debido respeto y amor para que su cerebro y todo su ser perciba ondas de armonía emocional

Hay una forma natural y sabia de educar y los padres tienen que saber que el amor no consiste en consentirlo todo ni en ser blandos. Consiste en saber dirigir la vida de nuestros hijos por caminos creativos y nobles. No es fácil, lo puedo asegurar por mi propia experiencia, pero a estas alturas de la civilización y después de haber acumulado tanta experiencia, hay salidas armoniosas, desde donde se pueden crear seres hermosos para ellos mismos y para la humanidad. Paciencia y perseverancia y creer a pies juntillas en aquellas enseñanzas que desarrollan la nobleza profunda que hay en el corazón de las emociones, que se construyen en la paz y el sosiego. La familia es una oportunidad que tienen los seres que vienen al mundo, no sólo para la conservación de la especie. El núcleo central de la familia es la madre y el hijo y todo lo que lo circunscribe sirve al propósito instintivo de proteger al recién nacido. *Proteger, que no es permitirlo todo.*

CAPÍTULO ESPECIAL

Este capítulo ha sido inspirado en textos de Jiddu Krishnamurti, nacido cerca de Madrás. En 1929 disolvió la Orden de la Estrella de Oriente y renunció al dinero y las propiedades que la organización había acumulado en su nombre. Declaró que no es posible descubrir la verdad a través de ninguna secta o religión, sino tan sólo liberándose de toda clase de condicionamiento.

Reconocido desde hace mucho tiempo como uno de los principales maestros espirituales del mundo, Krishnamurti dedicó su vida a hablar en todas partes. Nunca pasaba más de unos meses en un lugar determinado, y no se consideraba perteneciente a ninguna raza ni país. En el transcurso de los años, sus reuniones anuales en la India, en Ojai (California), en la localidad suiza de Saanen y en Brockwood Park (Hampshire) atrajeron a millones de personas de distintas nacionalidades, profesiones y puntos de vista. («Limpia tu mente». Editorial Martínez Roca.)

¿Qué causa produce que seamos permisivos? ¿Qué ramillete de circunstancias hacen que los padres seamos tantas veces blandos, excesivamente tolerantes? ¿Será porque hemos borrado los mensajes simples del instinto natural y los hemos sustituido por complejísimos procesos automáticos de la cultura y la tradición, de las modas... de tantas formas de vivir como el ser humano ha experimentado a través de toda su historia inventiva? ¿Será la permisividad un síntoma de la falta de energía para ser padres? ¿Son los padres permisivos criaturas narcisistas, centradas sólo en sí mismas como la única realidad existente, sin capacidad alguna para cuidar y educar a los hijos, porque son incapaces de amar? ¿Narcisismo y protagonismo ególatra son una trampa para el ser humano, donde la atención es atrapada en el interior de uno mismo?

La ignorancia, un exceso de pesadumbre depresiva, las frustraciones, la conciencia de la compasión degradada en lástima, la lucha incesante por abrirse caminos con la sola idea de ganar dinero, la obsesión del triunfo profesional... y dentro, muy en el fondo, enterrado y muy débil, una inquietud de amor sincero. En ese montón de inquietudes se dispersa la verdadera intención de ser auténticos padres, conscientes del significado que tienen los hijos. Es verdaderamente horroroso el peso de tantas obsesiones y frustraciones que nos dejan secos de energía para amar intensamente y de verdad. Es espantoso el desorden de nosotros mismos y ese espanto lo transmitimos a todos los miembros de la familia a través de una débil señal de amor. Nuestra actuación no puede ser total. Nuestro movimiento interior se acaba en nosotros mismos. Nuestras acciones marean y revientan, en el exceso de dar vueltas y más vueltas con pensamientos obsesivos del pasado y las proyecciones que hacemos hacia el futuro. Como consecuencia no se aporta la cualidad esencial de padres.

Es diferente «creer ser padres» a *ser padres,* que sienten serlo de verdad. Un padre no busca querer ser de una forma o de otra condicionando su verdad esencial. Su mente, su cuerpo y todo su ser expresan en silencio lo que es. Ser padres no está producido por el pensamiento, sino que es el resultado de la conciencia y la ausencia de otros factores independientes. *En ese estado de energía no tiene lugar ningún conflicto. La energía es acción y movimiento. Toda acción es movimiento y toda acción es energía. Todo sentimiento es energía. Todo pensamiento es energía. Todo ser vivo es energía. Toda vida es energía. Si se permite que esa energía fluya sin ninguna contradicción, sin ninguna fricción, sin ningún conflicto, entonces esa energía es ilimitada, interminable. Cuando no existe fricción no hay fronteras para la energía. La fricción es lo que produce las limitaciones de la energía. Así pues, una vez visto esto, ¿por qué motivo el ser humano siempre aporta fricción a la energía? ¿Por qué crea fricción con ese movimiento que llamamos vida? ¿Acaso la pura energía, una energía sin limitaciones, no es más que una idea para él, algo carente de realidad?*

Para ser padres de verdad, necesitamos mucha energía, pero si dentro de nosotros existen fricciones y en las relaciones entre los miembros de la familia se produce cualquier fricción, por muy sutil que sea, hay desperdicio de energía.

Necesitamos una enorme cantidad de energía para comprender la confusión del mundo en que vivimos. Los condicionamientos mentales destruyen la oportunidad que tenemos para ser humanos y padres desde el presente, porque es ahora cuando el proceso de la vida se expresa en su totalidad. Ser padre total es hacer desaparecer ese pesado montón de escoria que nos ha condicionado desde siglos. Ser padres de verdad significa encontrar nuestra libertad para dar toda nuestra inquietud viva sensible constante, intensa, capaz... Porque la mente renovada del padre y la madre puede abordar cualquier problema sin caer en la desgracia de la permisividad. Los padres tenemos que enfrentarnos a nuestra propia vida. Y eso es lo único que importa, nuestra propia vida, nosotros mismos. Nuestra insignificancia, nuestra brutalidad, la violencia, la codicia, la ambición, el sufrimiento cotidiano y la aflicción interminable, porque nadie nos va a salvar de ello, ni en el cielo ni en la tierra, excepto nosotros mismos.

Los padres tenemos que conocernos y cuando vemos lo que somos, entonces comprendemos la estructura engañosa e hipócrita de la que estamos formados: muchos son los engaños y la hipocresía. Muchos padres se sustentan en unos principios aprendidos de memoria que les hacen actuar en el papel de padres. Esto es horroroso y un error que se transmite a los hijos. Muchos padres se sienten superiores y prepotentes por el hecho de tener un volumen físico más grande que el de sus hijos; creerse más listos... un sinfín de ideas fantasmas que cuando actúan, de acuerdo con lo que debería ser, no es lo que en realidad es. Ser un padre ideal-fantasma es absurdo, así no es posible encontrar la verdadera paternidad. Sin embargo, sentirse completamente vivo, sin pensar y sin temer hacer el ridículo con nuestros hijos, mostrándonos tal como somos, apasionadamente vivos con ellos, es conseguir una fusión emocional auténtica, cuyos lazos perdurarán toda la vida. *La paternidad responsable es como una fresca brisa* que nos contagia cuando dejamos nuestra ventana abierta a la experiencia verdadera, y nuestra familia se contagia de nuestro entusiasmo. No hay que temer nada, porque nuestros hijos responderán desde el respeto que nosotros les tenemos. De esta forma la autoridad emana por sí sola y los hijos, que desde niños son sabios, toman consciencia del volumen auténticamente lleno de nuestro ser. La brisa del amor emana desde la nobleza del ser, y sin saberlo, el ser humano se entrega en cuerpo y alma a los seres que despiertan la llama del amor en su corazón. No hay cansancio ni fatiga, ni siquiera una crítica, ni una queja, sólo paciencia, intentando con verdadera energía resolver todos los problemas que la vida va poniendo en su camino. Padres que son humildes sin saber nada de su humildad, porque carecen de toda presunción, negándose completamente a sí mismos, para entregarlo todo a su familia. Esto es amor y el respeto de sus hijos lo tienen asegurado. Y la autoridad brilla sin necesidad de imposiciones, sólo las obras y la acción se imponen por sí mismas en el silencio más absoluto del ser que se entrega sin pedir nada a cambio. No hay temor porque la energía del amor lo inunda todo. De esta forma la familia está salvada por la pasión de vivir. Directo, sin ambigüedades, los miembros de la familia se interrelacionan entre sí con la profunda alegría de vivir.

¿Se ha preguntado alguna vez por qué los seres humanos carecen de esa brisa de realidad, dicha, Dios, belleza, amor...?
Engendran hijos, tienen relaciones sexuales, son tiernos, comparten las cosas en compañía, con amistad, con camadería, pero este elemento... ¿por qué no lo consiguen? En alguna ocasión, cuando camina a solas por una sucia calle o está sentado en un autobús o de vacaciones a orilla del mar o pasea por un bosque lleno de pajaros, árboles, arroyos, animales silvestres, ¿no se le ha ocurrido nunca pensar por qué el hombre y la mujer, que viven desde hace miles de años, no han conseguido ese elemento, esa flor extraordinaria que no se marchita? ¿Por qué razón usted, como ser humano, que es tan

capaz, tan inteligente, tan astuto, tan competitivo, que posee una tecnología tan maravillosa, que sube a los cielos, se introduce bajo tierra y se sumerge en el mar e inventa extraordinarios cerebros electrónicos, por qué no ha conseguido esa única cosa que importa? No sé si se ha planteado alguna vez seriamente esa cuestión del motivo de que su corazón esté vacío.

¿Cuál sería su respuesta si se planteara la pregunta usted, su respuesta directa sin ninguna ambigüedad ni astucia? Su respuesta estaría acorde con la vehemencia y la urgencia con que formula la pregunta. Pero usted ni es vehemente ni tiene urgencia, y ello se debe a que carece de la energía, que es pasión (y no puede encontrar ninguna verdad sin pasión), una pasión con furia tras ella, una pasión en la que no hay ninguna necesidad oculta. La pasión asusta bastante, porque si usted tiene pasión no sabe a dónde le llevará.

¿Es el temor tal vez la razón por la que carece de la energía de la pasión para descubrir por sí mismo por qué le falta la cualidad del amor, por qué no existe esa llama en su corazón? Si ha examinado minuciosamente su propia mente y su corazón , sabrá por qué no lo ha conseguido. Si es apasionado en su descubrimiento para determinar por qué no lo ha conseguido, sabrá que está ahí. Sólo a través de una

negación completa, que es la forma más elevada de pasión, llega a existir el amor. Al igual que la humildad, el amor no se puede cultivar. La humildad existe cuando la presunción finaliza por completo, por lo que usted nunca sabrá qué es ser humilde. Un hombre que sabe qué es tener humildad es un hombre vano. De la misma manera, cuando usted dedica su mente y su corazón, sus nervios, sus ojos, todo su ser a descubrir el camino de la vida, a ver lo que realmente es e ir más allá y negar por completo la vida que lleva ahora, en ese mismo rechazo de lo desagradable, de lo brutal, el otro llega a ser. Y usted tampoco lo sabrás jamás. Un hombre o una mujer sabedor de que es silencioso, de que ama, no sabe qué es el amor o qué es el silencio.

Este libro ha sido posible gracias a la intervención de:

Jaime, José Francisco, Manuel María,
Catalina, José Ignacio, Alicia,
José M. Delgado y Jiddu Krishnamurti.

A ellos va dedicado con todo mi amor de hijo, hermano y amigo.

ÍNDICE

COLECCIÓN
TEMAS DE FAMILIA

LA EDUCACIÓN DE LOS HIJOS
Dudas más frecuentes
Autor: Mariano González Ramírez

CÓMO HABLAR CON LOS HIJOS
Comunicación familiar
Autor: José Francisco González Ramírez

EL NIÑOS DE 0 A 3 AÑOS
Ser padres en la edad de la ternura
Autor: José Francisco González Ramírez

ELEGIR LA GUARDERÍA Y EL COLEGIO
Guia para seleccionar un buen centro
Autor: José Francisco González Ramírez

LAS FANTASÍAS DE LOS NIÑOS
"Mentalidad" infantil
Autor: José Francisco González Ramírez

LA ADOLESCENCIA
Edad crítica
Autor: Mariano González Ramírez

EL NIÑO ANTES DE NACER
Estimulación prenatal y embarazo
Autor: José Francisco González Ramírez

PADRES PERMISIVOS
Hijos problemáticos
Autor: Mariano González Ramírez

LA AGRESIVIDAD EN LOS NIÑOS
Violencia infantil
Autor: Mariano González Ramírez

PAPÁ Y MAMÁ
Modelos para nuestros hijos
Autor: Mariano González Ramírez

EL PERRO, UN AMIGO EN LA FAMILIA
El papel de la mascota
Autor: Mariano González Ramírez

DIVORCIO
¿Qué huella deja en los hijos?
Autor: Mariano González Ramírez

CRECER ENTRE HERMANOS
Los celos
Autores: Mariano y José Francisco
González Ramírez

LOS ABUELOS
Su importancia en la familia
Autor: Mariano González Ramírez

LA COMPETITIVIDAD ENTRE LOS NIÑOS
Enséñale a comprender sus límites y posibilidades
Autor: Mariano González Ramírez

PIS Y CACA
Educación para el autocontrol
Autor: José Francisco González Ramírez

EDUCACIÓN Y ORDEN FAMILIAR
Cada uno en su sitio
Autor: Mariano González Ramírez

POTENCIAR LA INTELIGENCIA EN LA INFANCIA
Nuevos métodos de aprendizaje
Autor: José Francisco González Ramírez

NIÑOS SUPERDOTADOS
Ser muy listo ¿Es un problema?
Autor: José Francisco González Ramírez

LA ADOPCIÓN
Cómo adoptarlo. Cómo educarlo
Autor: Mariano González Ramírez